사람을 살리는 책

동의보감

1013 생각하는 지식 ②
**사람을 살리는 책 동의보감**

글 신동원
그림 조승연

1쇄 펴낸날 2013년 7월 12일
4쇄 펴낸날 2017년 3월 10일

펴낸곳 이론과실천
펴낸이 최금옥
등록 제10-1291호
주소 (121-822) 서울시 마포구 포은로 8길 32(국일빌딩) 201호
전화 02-714-9800
팩시밀리 02-702-6655

ⓒ 신동원, 조승연 2013

ISBN 978-89-313-8159-7  74510
ISBN 978-89-313-8157-3 (세트)

이 책의 내용을 일부 또는 전부를 사용하려면
반드시 저작권자와 이론과실천 양측의 동의를 모두 얻어야 합니다.

* 값 11,000원
* 잘못된 책은 바꾸어 드립니다.

* 꼬마이실은 이론과실천 의 어린이책 브랜드입니다.

품명 도서  제조자명 도서출판 이론과실천  제조국명 대한민국  사용 연령 10세 이상
주소 서울시 마포구 포은로 8길 32(국일빌딩) 201호  전화 02-714-9800  제조년월 2017년 3월
KC 마크는 이 제품이 공통안전기준에 적합하였음을 의미합니다.

1013 생각하는 지식 ②  카이스트 신동원 교수님이 들려주는 한의학 이야기

사람을 살리는 책

동의보감

글 신동원  그림 조승연

### 머리말 『동의보감』과 허준

너희들에게 간단한 퀴즈 하나를 낼게.

"우리나라 사람이 지은 책으로 고금을 통틀어 외국에서 가장 많이 찍힌 책이 뭘까?"

소설책일까, 만화책일까? 답은 허준의 『동의보감』(1613년)이야. 의학 책인 『동의보감』이 가장 많이 찍혀 나왔어. 우리나라는 물론이거니와 중국과 타이완, 일본에서 수없이 많이 인쇄되었단다. 중국에서는 1747년에 처음 발간된 이후 가장 최신판이 나온 재작년까지 무려 34종이 거듭 출현했고, 타이완에서도 12종이 나왔어. 일본에서도 여러 번, 우리나라에서도 십여 차례 인쇄되었지. 이렇게 꼭 400년 전에 나온 책이 현재까지 계속 찍히고 있다는 건 놀랄 만한 사실이야.

그럼, 궁금하지 않니?

"왜 『동의보감』이 이렇게 대단한 인기를 끌었을까?"

이 책을 다 읽으면 이에 대한 답이 저절로 얻어질 거야. 잠깐 귀띔을 한다면, 『동의보감』에 실린 내용이 좋고 가치가 있기 때문이야. 천여 년 전통을 지닌 한의학의 핵심을 체계적으로 정리했어. 『동의보감』을 보면 한의사는 어떤 병에 어떤 처방을 내려야 할지 쉽게 찾아낼 수 있어. 어른뿐만 아니라 심지어 어린이까지의 건강을 어떻게 돌봐야 할지 그 방법을 자세하게 실어 놓았단다. 이에 필적할 만한 한의학 책은 어디에서도 찾아보기 힘들어.

한국인은 물론 이웃 중국인과 일본인에게도 오랫동안 『동의보감』은 크게 도움을 주었어. 현재 우리나라에서 전통 의학이 다른 어떤 나라보다도 잘 이어져 오는 것도 『동의보감』의 출현과 무관하지 않을 거야. 2009년 유네스코에서 세계 기록유산으로 『동의보감』을 선정한 건 바로 이런 이유들 때문이란다. 400년 동안 이어져 왔고, 앞으로 더 오래 이어질 거야.

더욱 궁금한 게 생겨날 거야. 실제로 『동의보감』에는 어떤 내용이 실려 있을까? 『동의보감』을 지은 허준이란 인물이 누구이고, 또 어떤 능력을 갖춰서 이런 책을 지을 수 있었을까? 나라에서는 왜 이 책을 편찬하라고 명령을 내렸을까? 『동의보감』이 출현한 이후 어떻게 의학계를 혁신했을까? 더 나아가 한의학과 서양 의학은 어떻게 다른가?

아마 너희들은 동화책이나 드라마로 『동의보감』과 이를 지은 허준에 대한 여러 이야기를 이미 접했을지 몰라. 이 책은 그런 부류의 책과 내용이 크게 다르단다. 드라마와 이야기를 재미있게 만들려고 작가들은 상상력을 맘껏 펼치기 때문에 거기에는 사실과 다른 내용이 다수 섞여 있어. 이와 달리 이 책은 철저하게 역사 자료에 기초해서 썼어. 모두 믿을 만한 사실을 담았다고 보면 된단다. 그러면서도 너희들이 이해할 수 있도록 쉽고도 재미있게 엮으려 노력했어. 그럼 『동의보감』과 허준을 만나서 여러 궁금증을 풀러 가 보자. 자, 출발~.

『동의보감』 출간 400년을 기념하며,
2013년 6월 신동원

차례

머리말 『동의보감』과 허준 4

### 한의학의 대표 도서 『동의보감』
그림으로 시작하는 『동의보감』 10
사람의 몸은 우주와 같다 14
한의학과 서양 의학의 다른 점과 같은 점 16

### 밝혀지지 않은 허준의 어린 시절
허준의 어린 시절은 '모른다'가 정답 24
홍길동처럼 허준도 서자 26
허준은 어떻게 의학 공부를 했을까 30
젊은 시절부터 의학을 특히 잘한 허준 33

### 허준, 의원의 길을 시작하다
조선 시대에 의사가 되는 데에 걸리는 시간 40
허준의 내의원 생활 45
광해군의 천연두를 고치다 51
임진왜란 동안, 선조 임금을 보살피다 57
양반의 미움을 산 허준 63

### 유배지에서 태어난 『동의보감』

대의의 길을 걷다 70
『동의보감』의 첫걸음을 시작하다 73
홀로『동의보감』을 쓰게 된 허준 75
사람을 살리는 책『동의보감』의 완성 77

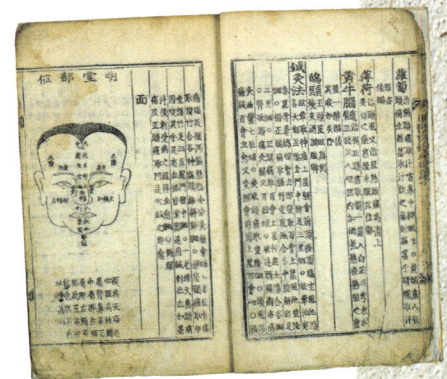

### 『동의보감』 속으로

'동의보감' 이름에 담긴 뜻 86
사람의 몸을 중심으로 구성한『동의보감』 90
끝까지 돌림병과 싸우다 96

### 허준과『동의보감』은 살아 있다

'천하의 보배는 마땅히 천하 사람들이 같이 나눌 일' 106
허준의 후예들 110
『동의보감』에서 배우는 양생의 지혜 116

연표 122
사진 출처 및 자료 제공 124

# 한의학의 대표 도서 『동의보감』

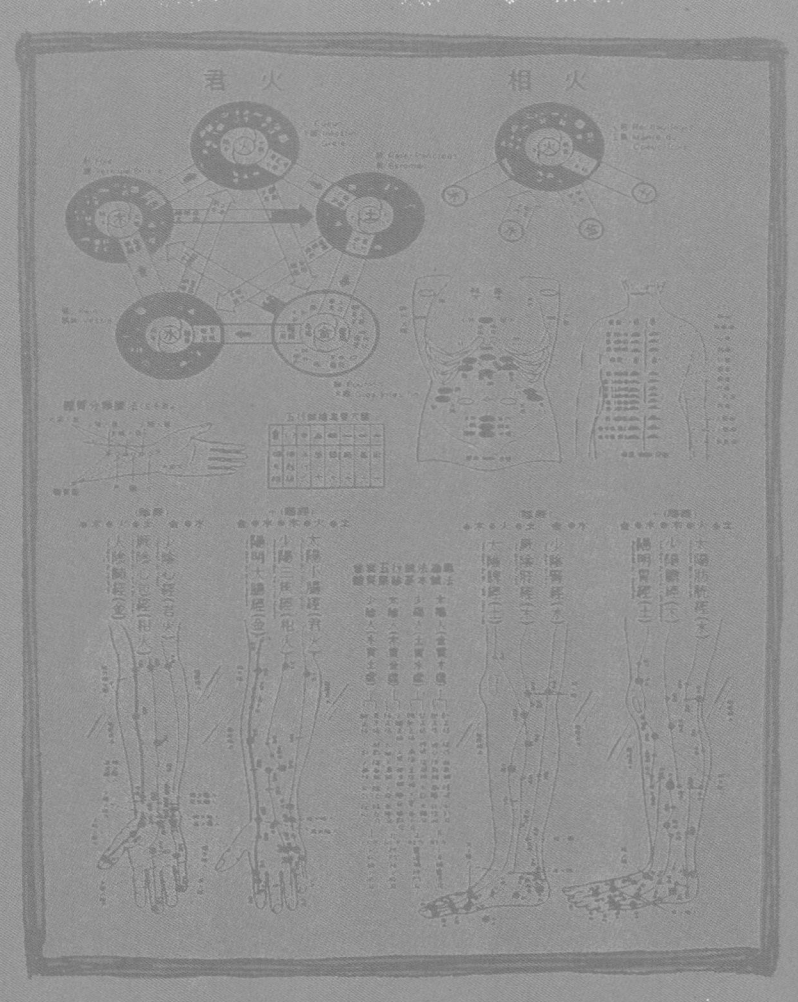

책 『동의보감』보다 아마도 지은이 허준이 더 유명하지? 허준을 모르는 사람은 없으니까. 하지만 허준이 지금까지도 대단한 유명세를 치르는 것은 『동의보감』을 지었기 때문이야.

『동의보감』은 400여 년 전에 쓴 의학 책인데 최근에도 많은 사람이 읽고 있고, 한의학을 하는 사람은 꼭 공부하는 책이야. 중국이나 일본에서도 마찬가지지. 시간과 공간을 초월해서 사람들에게 도움을 주는 의학 책이야.

## 그림으로 시작하는 『동의보감』

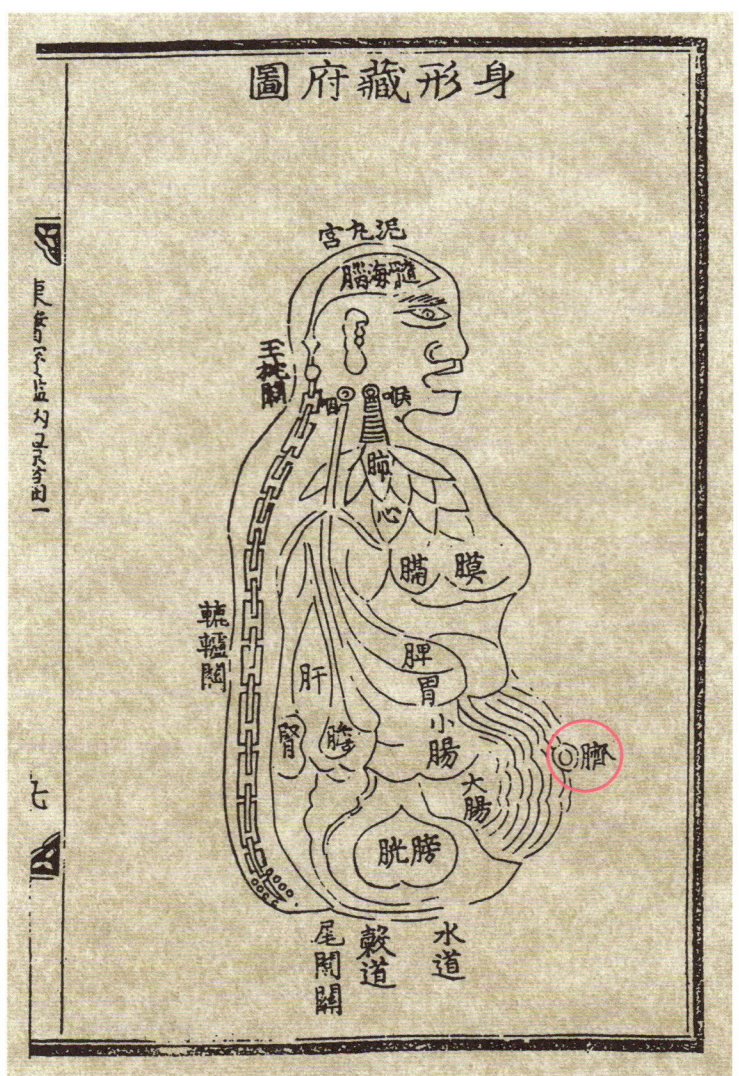

**『동의보감』의 신형장부도** 그림의 맨 위에 한자로 '신형장부도'라고 써 있어. '신형'은 신체의 형태, '장부'는 몸속의 내장을 말해. 그러니까 이 둘을 합치면 몸 안팎이 되지. 그래서 신형장부도는 '사람의 몸 안과 밖 모두를 그린 그림'이란 뜻이야. 그림에 표시한 곳은 배꼽이란다.

허준의 책 『동의보감』 첫 장을 넘기면 왼쪽의 그림이 나와. 본문을 시작하는 첫 페이지에 있어. 400여 년 전 책이니까 어려운 한자로만 꽉 차 있을 것 같은데, 그림으로 시작하니까 참 흥미로워.

우리도 『동의보감』처럼 시작해 보자. 이 그림을 먼저 보면서 시작하는 거야. 중요하니까 맨 앞에 실었겠지.

사람의 몸을 그렸네. 자세히 보니 이 사람 조금 이상하게 생겼어. 손과 발은 안 보이고 머리와 몸통만 있어. 눈은 부릅뜨고 게다가 입은 '아~' 벌리고 있고. 또 옆모습을 그렸어.

그림을 자세히 읽어 보자. 가장 과장되어 있는 게 보여. 몸통 아래쪽에 동그란 구멍. 보이니? 바로 배꼽이야. 배꼽을 무척 크게 그렸어. 배꼽참외 같구나. 배꼽을 중요하게 생각했나 봐.

배꼽 안쪽에 구불구불한 건 뭘까. 누가 봐도 소장, 대장 등 창자가 틀림없어. 등 쪽에 꽁무니부터 목까지 사다리처럼 길게 올라간 뼈도 보이지? 이것도 척추라는 게 분명해. 엉덩이 쪽에 알밤처럼 생긴 것은 오줌통(방광)이랑 똑같이 생겼어.

그럼 그림에 써 있는 한자는 무엇일까? 사람은 누구나 몸속에 '오장육부'가 있어. 그림에 있는 한자들은 오장육부의 위치에 그 이름을 써 놓은 거야.

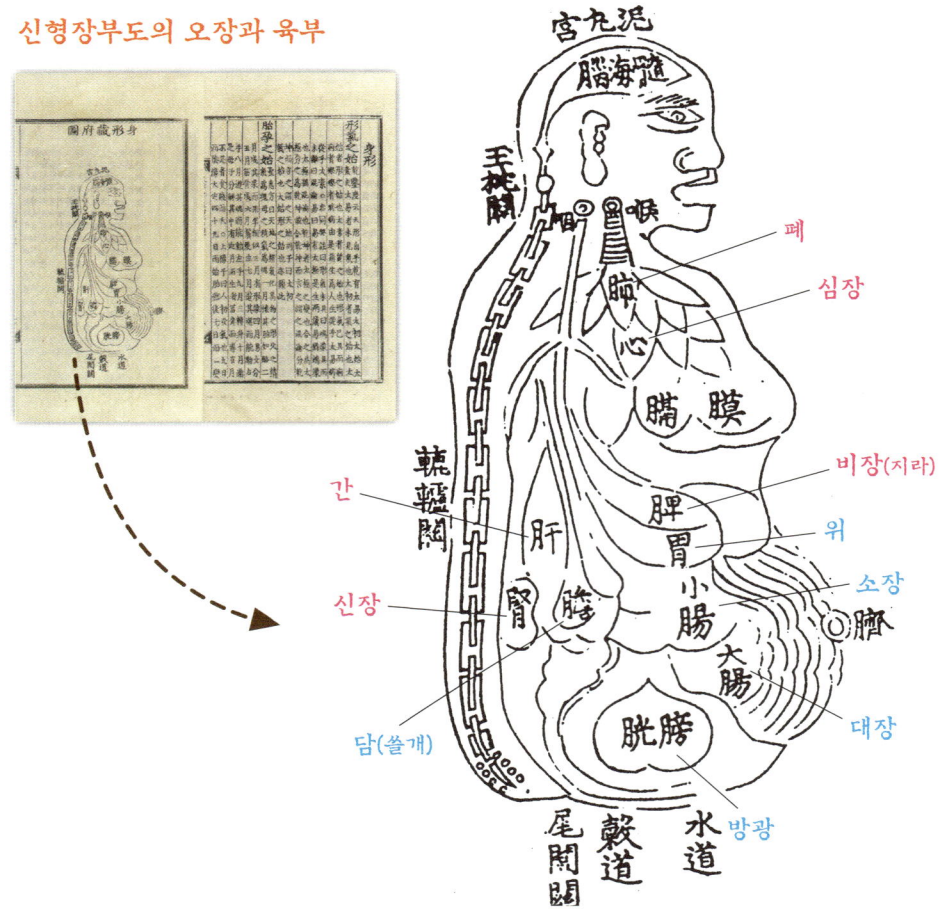

**신형장부도의 오장과 육부**

　'오장'은 몸을 다스리는 다섯 개의 핵심 기관이야. 간, 심장, 비장(지라), 폐, 신장을 뜻하지.

　간은 생명의 기운을 낳는 곳이고, 심장은 생명의 발전소라 할 수 있어. 비장은 몸속의 에너지인 기와 피를 만드는 공장이고, 폐는 숨쉬는 것을 맡고 있어. 신장은 아이를 낳는 기운을 맡고 있지.

**『동의보감』에 실린 오장 그림**

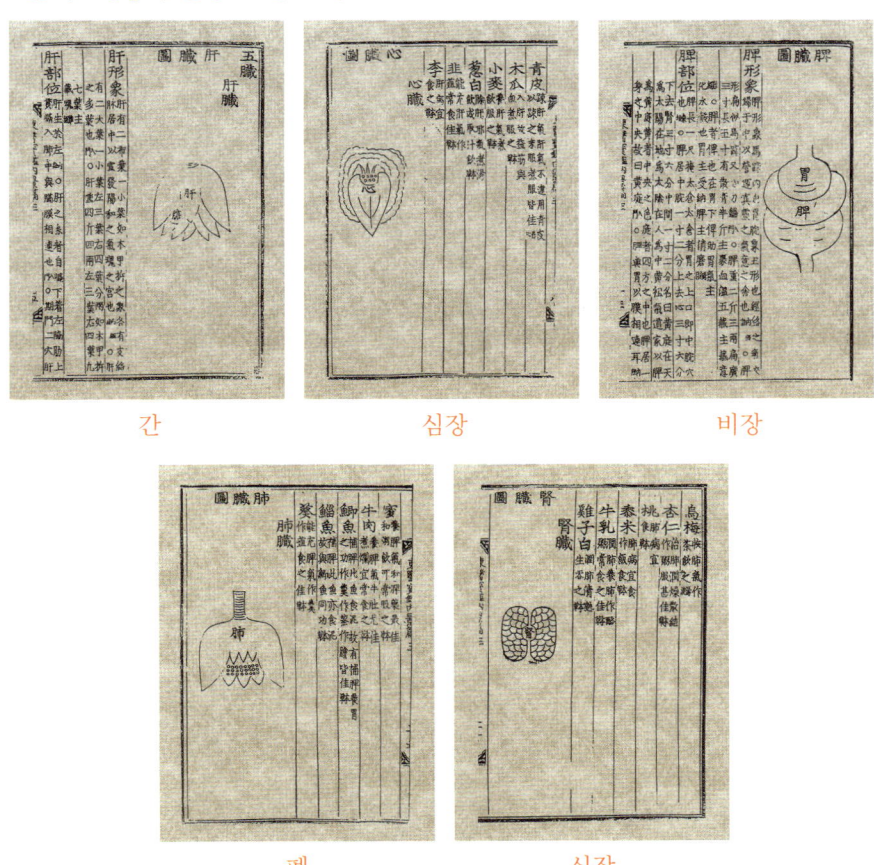

간  심장  비장

폐  신장

'육부'는 주로 소화를 담당하는 기관이야. 위, 소장, 대장, 방광, 담(쓸개), 삼초 등을 일컫지.

위는 음식물이 모이는 곳이고, 소장은 영양분과 찌꺼기를 가리는 곳이고, 대장은 먹고 남은 음식 찌꺼기를 모으는 곳이라 할 수 있지. 방광은 오줌을 모으는 곳이고. 담은 "담력이 센가 볼까?" 할 때의 그

담으로 용기의 근원이라고 해. 여기까지는 자주 듣던 거지? 육부에서 낯선 단어가 딱 하나 있어. '삼초'가 뭘까? 삼초는 '세 개의 도랑'이란 뜻이야. 몸통 아래쪽을 하초, 중간 쪽을 중초, 위쪽을 상초라고 해.(하초, 중초, 상초를 나누는 정확한 위치는 논쟁은 뜨겁지만 아직 정설은 없단다.)

## 사람의 몸은 우주와 같다

그림을 다 보았으니까 궁금증을 하나씩 풀어 보자. 『동의보감』은 왜 이 그림을 첫 장에 실어 놓았을까? 그것은 의학이 근본적으로 사람의 '몸'을 살피는 학문이기 때문이야. 의학 공부를 하는 사람은 맨 먼저 우리 몸이 어떻게 생겼고 어떻게 작동하는지를 알아야 하거든. 옛 사람들은 사람 몸속이 이 그림과 같다고 알고 있었어. 몸속에 어떤 것들이 있고, 그것들이 어떤 활동을 하는지에 대해 옛 사람들은 꽤나 관심이 높았기 때문에 오장육부의 생김새와 위치를 거의 정확하게 표시해 둔 거야.

『동의보감』에 따르면, 우리 몸속에는 '기'가 가득 차 있고 또 그것은 쉬지 않고 움직이고 있지. 튼튼한 사람은 오장육부가 모두 튼튼해서 왕성한 활동을 펼치지만, 약한 사람은 기의 활동이 미약해. 또

대체로 어린아이와 청소년은 기운이 매우 활발하여 막 뛰고 싶을 때가 많고, 거꾸로 늙은 사람은 기운이 약해져서 앉거나 눕고 싶을 때가 많아지지.

사람 몸속에 있다는 '기'는 어디서 오는 걸까? 숨을 쉬며 대기로부터도 얻을 수 있고, 또 음식을 먹어 소화시킨 기운으로부터 얻기도 해. 죽은 사람은 이런 일을 할 수 없고, 오직 살아 있는 사람만이 이런 기운을 일으켜 살아가는 거야.

그럼 이 그림은 죽은 사람을 그린 걸까, 살아 있는 사람을 표현한 걸까? 눈을 부릅뜨고 보고 있고, 입을 벌리고 배도 불룩 나와 있어. 숨을 쉬고 있는 거야. 기운차게 살아 있는 사람이지. 척추로 보이는 것은 기가 지나는 중요한 길이야. 미려관, 녹로관, 옥침관은 뇌와 이어져 있고 정기가 오르내리는 곳이지. 옆모습으로 그려야 잘 보이겠지.

이 그림은 건강한 사람의 모습이야. 한의학에서는 하늘과 몸, 그리고 몸과 몸속의 장기가 조화를 잃으면 병이 난다고 생각했어. 아픈 사람을 그렸다면 이렇게 균형을 이룬 모습이 아니었을 거야.

『동의보감』은 몸에 나쁜 기운이 들어 병이 생기면 약이나 침을 써서 그 기운을 몰아내고 몸의 기운을 회복할 수 있게 돕는 의학 책이야. 그렇지만 병에 걸려 치료하는 게 더 좋을까?

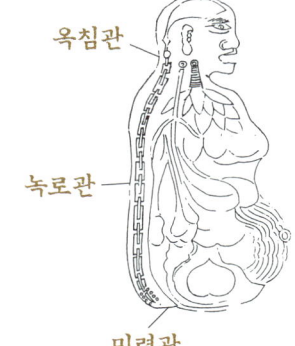

한의학의 대표 도서 『동의보감』

아니면 아예 그런 일이 안 생기게 하는 게 더 좋을까? 당연히 병이 안 생기게 하는 게 백 배 더 좋은 방법이지.『동의보감』은 '신형장부도'라는 그림을 책의 맨 앞에 놓고, 사람들에게 이런 가르침을 주고 있어.

## 한의학과 서양 의학의 다른 점과 같은 점

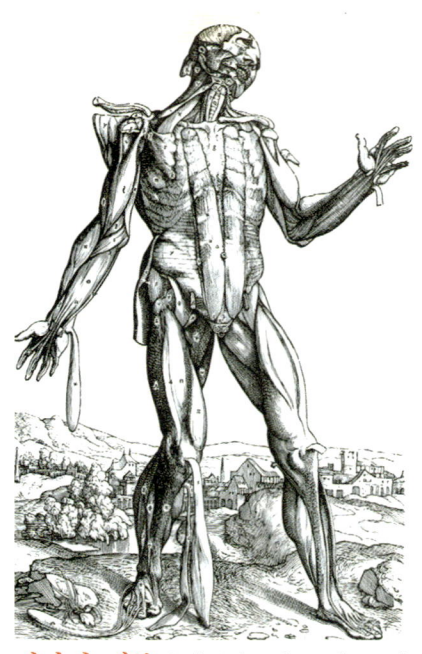

**서양의 해부도** 『동의보감』보다 70년 앞선 1543년에 벨기에의 해부학자가 그렸어. 근육질이 보이고, 몸속의 뼈가 입체적으로 그려져 있지?

『동의보감』에서 첫 번째로 등장하는 '신형장부도'는 '해부도'일까? 결론부터 말하면 해부도라고 말하긴 어려워.

자, 옆 사진이 분명한 해부도야. 해부도는 실제로 인체를 해부하고 몸 안을 정확히 관찰해서 꼼꼼하게 그린 거야. 산 사람이 아닌 죽은 사람을 관찰해. 그러니까『동의보감』의 그림처럼 건강하게 숨 쉬고 있는 모습이 아니지. 해부도를 보면 근육과 뼈나 몸속 장기의 생김새와 위치는 더욱 정확하게 알 수 있어.

16세기 이후 서양 의학은 이렇게 정확한 몸의 구조를 이해한 뒤에 각각의 장기에 병이 생기는 것을 알아내는 식으로 발달했어. 각 장기들이 피의 순환, 호흡, 감각과 지각 활동에 어떻게 관여하는지를 밝혀냈지. 한의학이 하늘과 인체, 그리고 몸의 각 장기 사이에 부조화가 생겨서 병이 난다는 생각을 가지고 그 관계를 열심히 탐구한 것과는 다른 방식이야.

『동의보감』의 '신형장부도'가 해부도가 아닌 까닭은, 속을 갈라서 보고 그린 그림이 아니라 살아 있는 사람의 몸속에서 '기'가 활발하게 움직이고 있는 흐름을 그렸기 때문이지. 허준은 '신형장부도' 옆에다 이런 설명을 붙여놨어.

> 인간의 몸은 대자연을 본받은 것이다.
> 그렇기 때문에 자연의 섭리를 따라 올바르게 살면
> 기운이 북돋아 오래 살고 병들지 않는다.

여기서 '기운'이란 뭘까? 기운이란 '기가 움직인다'는 뜻으로 생명의 활기를 뜻해. 이렇듯 『동의보감』은 힘차게 들이킨 자연의 기운이 인체 생명의 근본을 이룬다고 생각했단다.

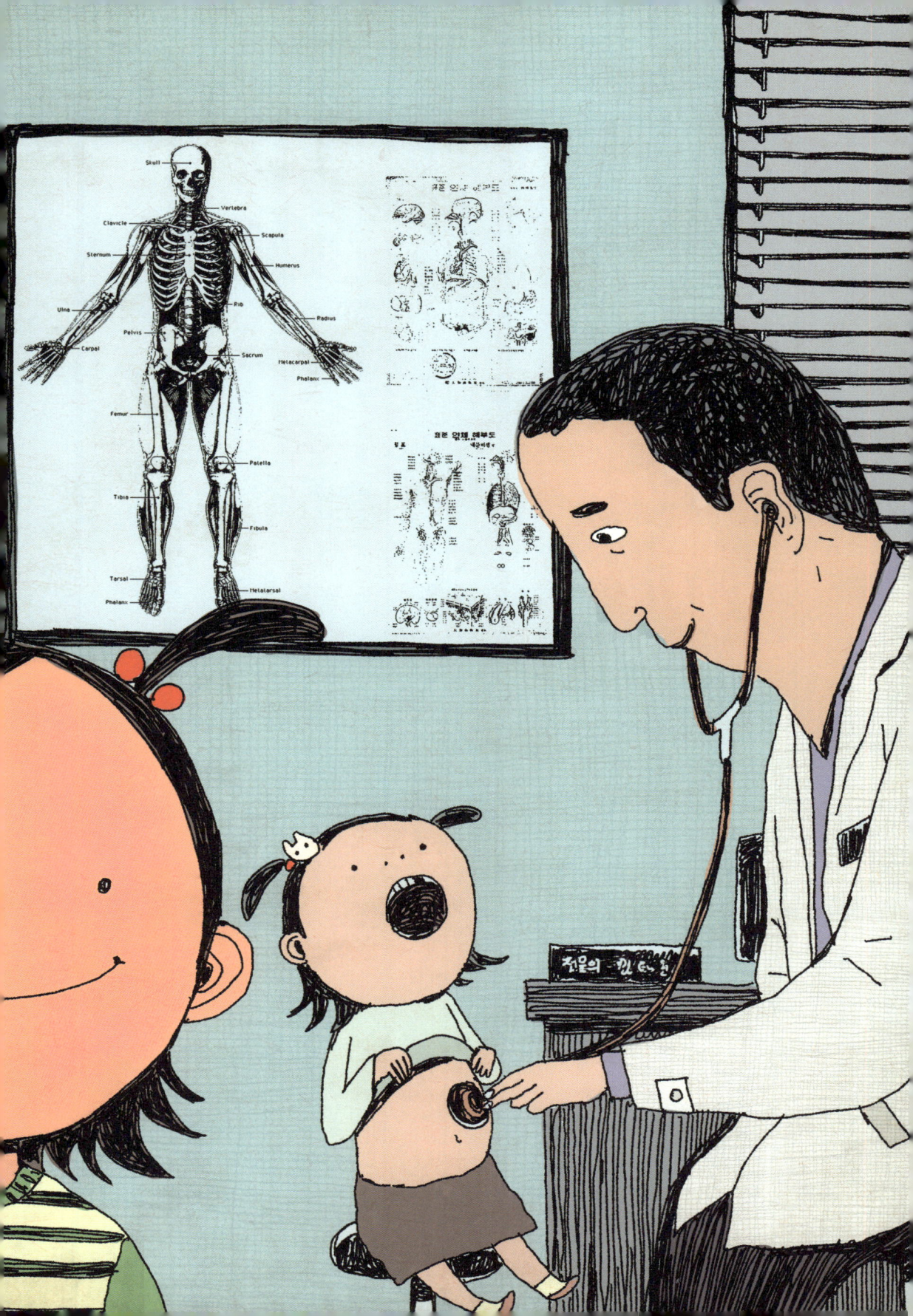

이를 테면, 낮이 길어지는 봄에는 일찍 일어나고 다소 늦게 자며, 밤이 길어지는 겨울에는 일찍 자고 다소 늦게 일어나는 것이 자연의 이치를 따르는 것이라 할 수 있지. 또 허준은 자기 분수를 넘어서는 쓸데없는 욕심을 줄이고, 과식하지 말고, 재미있는 장난에 흠뻑 빠져서는 안 된다고 경고하고 있어. 그렇게 되면 몸에 나쁜 기운이 생겨서 병이 생긴다는 거야. 또 오래 살지도 못하고.

한의학은 병을 몸 겉을 보며 진단했고 치료도 몸에 칼을 대지 않고 했어. 맥을 짚어 보고 얼굴색을 보며 병을 알아내고, 침이나 약을 써서 고쳤지. 왜 그런지 앞에서 봤지. 한의학은 몸 안의 기운을 살리고, 균형을 찾도록 몸 전체의 상태를 알아보는 거야.

서양 의학은 이와 달라. 몸을 낱낱이 뜯어보면서 접근했어. 신체를 각 부위로 나누어 보면서 병이 생긴 원인을 없애려고 노력했으니 해부학과 외과 수술이 특히 발달해 왔지.

그러면 한의학과 서양 의학은 다르기만 할까? 둘 다 '의학'이라는 공통점이 있어. 의학이 뭘까? 사람의 몸에 대해 연구해서 몸을 건강하게 하고 병이나 상처를 치료하는 학문이잖아.

사람의 몸은 다 같아. 생명이 있는 모든 사람들은 병에 걸려. 감기도 걸리고, 넘어져서 다치기도 해. 사람이든 동물이든 살아 있다면 누구나 언제나 어디서나 아플 수 있고 고통을 느끼지. 의사들이 생겨나고 의학이 발달하기 전에도 병을 치료하려는 노력은 늘 해 왔어.

배탈이 났을 때 엄마나 할머니가 따뜻한 손으로 천천히 문지르는 것도 배탈이라는 병에 걸린 아이의 고통을 덜어 주려는 노력이야.

사람의 몸이 동양과 서양이라고 다를 리가 없지. 진단하고 치료하는 방법은 달랐지만 환자의 병증이나 병을 일으키는 원인은 같은 거야. 그래서 의학의 교류는 늘 활발했어. 훌륭한 치료법이 생기면 국경을 넘어서 알려졌지. 중국의 의학 기술이나 책이 우리나라에 전해지기도 했고, 신라 시대에는 우리나라 의사가 일본에 가서 의술을 펼치기도 했어.

오늘날에도 의학의 기술과 학문은 시간과 공간을 초월해. 휴대 전화나 냉장고는 아마 최근에 나온 것이 가장 좋은 거겠지. 하지만 의학은 새로운 의학기술만이 좋은 것은 아니야. 옛 의학 중에도 우리 몸을 지키고 고칠 수가 있는 고급 의학이 있을 수 있는 거지. 그리고 우리나라 의사가 다른 나라 사람을 얼마든지 치료할 수 있고 말이야.

한의학에서 시간과 공간을 뛰어넘어 읽히는 책이 『동의보감』이야. 400여 년 동안 우리나라 의학의 든든한 토대가 되었고, 중국, 일본 등 이웃나라에서도 번역되어 읽히며 의술을 높였어.

# 밝혀지지 않은 허준의 어린 시절

이제부터 허준에 대해 자세히 알아보자. 『동의보감』이란 책을 알려면 지은이와 그 지은이가 살았던 시대를 보면 깊이 이해할 수 있거든. 게다가 허준은 방대한 이 의학 책을 혼자 써 냈으니, 허준의 삶이 곧 『동의보감』이라고 말해도 틀리지 않을 거야. 어린 시절부터 보자. 그러면 조선 시대에는 누가 의사가 되고, 의사들은 어떻게 공부를 했는지도 다 알 수 있어.

## 허준의 어린 시절은 '모른다'가 정답

유명한 사람들의 어린 시절은 누구나 궁금해 하지. 너희들도 궁금할 거야. 유명한 사람들은 내 나이쯤에 무얼 했을까 하고. 안타깝게도 허준은 알 수가 없어. 허준의 어린 시절이 나오는 책이나 드라마를 봤다고? 그건 상상력을 덧붙여서 꾸며 낸 이야기들이지.

허준이 나이 서른 때까지 어떻게 살았는지는 거의 알려져 있지 않아. 우스갯소리로 세 가지만이 정확하다고 해. 허준이 남자라는 것, 허준의 아버지가 용천부사라는 관직을 지냈다는 것, 그리고 허준이 서자로 태어났다는 것.

설마 그럴 리가? 믿어지지 않는다고? 조선 시대에는 의원의 신분이 높지 않았기 때문에 의원들의 어린 시절 이야기나 개인에 관한 자료가 별로 남아 있지 않아. 허준이 나중에 매우 유명해졌기 때문에 유명해진 뒤에는 여러 기록들이 많은 편이지만, 출세하기 이전에 그렇게 유명해질 줄 알았나. 그냥 서자 출신의 의원 너부렁이에 지나지 않았지. 그래서 어릴 때의 허준이나 의원 지망생 시절의 젊은 허준에 관한 자료가 안 남아 있는 것이지.

불과 10여 년 전까지만 해도 허준은 나이마저도 잘못 알려져 있었어. 태어난 해를 잘못 알고 있었던 거야. 지금도 백과사전을 찾아보면, 많은 책들이 1546년이라고 되어 있는데, 틀린 거야. 최근에 발견된 확실한 자료들을 보면 1539년에 태어난 게 맞거든. 7살이나 차이가 났었으니 허준이 이 사실을 알았다면 답답했을 거야.

이처럼 태어난 때도 잘못 알고 있을 정도로 허준의 탄생과 어린 시절은 알려진 것이 없어. 허준이 어디서 태어났는지도 잘 모르고, 어릴 때 허준이 어떻게 공부했는지도 잘 모르고, 허준이 진짜로 과거에 급제했는지도 잘 모르지.

"어린 시절의 허준에 대해서는 잘 모른다."는 이 말이 가장 정확한 말이야.

## 홍길동처럼 허준도 서자

 허준의 어린 시절에 대해서는 다 알아봤어. 진짜 끝이야. 그래도 이렇게 끝내기에는 아쉬워. 어린 시절 이야기를 더 찾아볼 수는 없을까? 이럴 때 한 가지 방법이 있어. 허준의 가족과 허준이 살던 시대의 특성을 보면 또 다른 사실들을 짐작해 볼 수 있어.

 조선 시대는 신분 질서가 있었어. 양반과 상민이 구분되었지. 허준이 어떤 신분인지 알면, 어린 시절 어떻게 지냈을지 조금은 더 알 수 있을 거야.

 허준은 적자(정실부인에게서 난 아이)가 아니라 서자(정실부인이 아닌 부인에게서 난 아이)였어. 허준의 어머니가 '영광 김씨'라는 사실이 새로 밝혀졌는데, 허준의 어머니는 아버지의 두 번째 부인이었어. 조선 시대에는 부인을 여럿 둘 수 있었지. 허준의 어머니 집안도 높은 벼슬을 지낸 집안이었는데, 그렇긴 해도 어머니 또한 서녀였기 때문에 둘째 부인으로 시집을 온 것이었지.

 허준의 고향은 어디일까? 허준의 아버지가 전라도 지방에 수령으로 간 적이 있는데 아마도 그때 영광 김씨를 부인으로 맞은 것 같아. 새로 발굴된 『장성읍지』라는 자료에 따르면, 허준은 어린 시절을 어머니와 함께 전라도 장성에서 보냈다고 해. 태어난 곳을 정확히 알긴 어렵지만 허준의 집안이 경기도 파주를 근거로 해서 살았기 때문

에 허준이 어린 시절을 주로 경기도 파주와 전라도에서 보냈다고 해도 틀린 이야기는 아니란다.

허준의 집안은 무과 출신의 집안으로 비교적 윤택했어. 아버지는 '허론'이라는 사람으로 허준이 태어날 무렵에 종4품인 부안군수를 지냈고, 할아버지 '허곤'은 벼슬이 더 높아서 정3품 경상우수사를 지냈지. 이처럼 쟁쟁한 집안의 둘째 도련님이었기 때문에 어린 허준은 책 읽고 공부하는 데 커다란 어려움은 없었을 것이 틀림없어.

허준의 신분과 고향, 그리고 어머니와 아버지, 할아버지까지 알고 보니 궁금증이 조금은 풀렸어. 여기서 한 가지 더 생각해 볼 수 있어. 서자라는 신분 때문에 힘겹게 자라지 않았을까 하는 거야.

똑똑한 허준이었지만 서자였기 때문에 신분상 차별이 있었어. 문관이나 무관으로 나아가지 않고, 의원이 된 데에는 출신이 영향을

끼쳤을 거야. 조선 시대에는 지배 계급인 양반이 있었고, 보통 사람인 평민들이 있었는데 이 중간에 낀 사람들을 '중인'이라 불렀어. 서자인 허준은 중인에 속했어. 중인은 문관이나 무관이 아닌 잡관을 맡았어. 잡관은 의원, 통역관, 천문학이나 수학 담당 관원 직책을 맡았단다. 문관과 무관은 양반만이 할 수 있었지.

허준도 문관이나 무관보다 한 등급 낮은 의학의 관리가 되는 인생을 택했어. 의사가 문관이나 무관보다 낮다니, 오늘날과는 사뭇 다르지. 임금을 치료하는 어의가 되어도 신분은 그대로 잡관에 머물렀어.

그러고 보니, 허준의 처지는 소설의 주인공인 홍길동과 비슷해. 더 재미있는 건 허균의 유명한 소설 『홍길동전』은 허준과 같은 시대에 나왔어.

홍길동 이야기를 떠올려 볼까? 홍길동의 어머니는 원래 아버지인 홍 판서의 몸종이었어. 이름은 춘섬이었지. 홍길동은 매우 총명했고 멋진 청년이었지만, 서자였기 때문에 관리가 되는 길이 막혀 있었어.
"아버지를 아버지라 부르지도 못하고, 대감님, 대감님 하면서 불러야" 하는 처지가 원통했지. 울분에 찬 홍길동이 활빈당을

만들어 이런 나쁜 제도를 타파하는 데 온 힘을 쏟게 되는 이야기야.

홍길동과 허준이 다른 점은 허준의 어머니는 서녀이기는 했지만 몸종이 아니라 어엿한 양반 가문의 딸이라는 점이야. 그래서 신분상으로 허준은 홍길동보다는 어느 정도 나은 처지에 있었어. 그렇다 해도 그가 문관이나 무관의 관리로 출세하기란 하늘의 별 따기처럼 힘든 일이었지.

## 허준은 어떻게 의학 공부를 했을까

허준의 어린 시절을 살피는 일은 수수께끼를 하나씩 풀어 가는 것 같지? 이제 의사 허준이 어떻게 의학을 공부했을지 탐색해 볼 거야. 그런데 아직까지 허준이 어떻게 의학 수업

을 받았는지를 일러 주는 자료는 하나도 없어. 이럴 때에는 조선 시대에 의원이 되려면 보통 어떻게 했는지를 살피면 어느 정도 짐작을 해 볼 수 있겠지.

의학 공부를 하는 길은 세 가지 정도가 있어. 세 가지 길을 살펴보면서 허준이 어떤 선택을 했을지 상상력을 펼쳐 보자.

먼저 한양(오늘날의 서울)에 있는 의학교에서 의학을 공부하는 방법이 있었어. 당시 한양에는 전의감과 혜민서, 두 곳의 의학당이 있었어. 서울 청계천 북쪽에 있는 전의감에 의학당이 있었고, 청계천 남쪽에 있는 혜민서에도 의학당이 있었지. 혜민서에서는 여자 의사인 의녀도 가르쳤어. 혜민서보다는 전의감의 의학 교육 수준이 더 높았어. 이런 의학교에서는 훌륭한 선생님들이 학생들을 가르쳤어. 게다가 공부를 잘 하면 바로 의학 관리로 발탁되는 특전까

지 누릴 수 있었어. 또한 군대도 면제해 주었기 때문에 전의감과 혜민서의 의학당은 인기가 자못 높았어.

또 한 가지 방법은, 민간의 많은 의원들처럼 집안의 가업을 잇거나 의원의 집에서 일을 도와주면서 의학을 공부하는 거야. 의학당은 뽑는 인원이 정해져 있었어. 전의감은 정원이 50명, 혜민서는 30명이었지. 그래서 많은 의학도들은 학교에 들어가지 못하고 의원들에게 의학을 배웠어. 의학당에 들어가지 않고 의학 관리가 되려면 오로지 의과 시험에 합격해야만 했지.

마지막은 독학하는 방법이야. 혼자 공부하는 거지. 허준이 살던 때는, 의학 공부하는 게 경전을 읽으며 공부하는 것과 동떨어진 것이 아니라 연장선에 있었어. 의학 공부가 경전 공부의 연장선에 있었기 때문에 충분히 독학이 가능했어. 그 시대의 사상가들은 자연을 기, 음양, 오행 등으로 이해했는데, 의학도 마찬가지로 기, 음양, 오행을 기본으로 했으니까 말이야. 선비 중에서도 의학에 밝은 사람이 많았지. 거의 모두가 독학으로 이뤄 낸 거야. 허준과 같은 시대를 살았던 유성룡 같은 학자들도 독학으로 의학을 공부했던 사람이야.

허준은 이 세 방법을 다 했을 수도 있고, 어느 한 가지만 했을 수도 있어. 여기서부터는 역사적인 상상력을 동원하는 수밖에. 우선 허준이 앞서 말한 전의감이나 혜민서 같은 의학교에 다녔는지 알 수가 없어. 또 의과에 급제했다는 기록도 아직 발견되지 않고 있어. 허준에 대한 역사 기록은 30대부터 시작돼. 유희춘 대감이 쓴 『미암일기』를 보면 허준이 30대 초반인데 약재를 잘 다룬다는 이야기가 나와. 처방에 따라 환약 등을 만들었대. 양반이 쓴 문집에 이런 기록이 남아 있는 걸로 보아 허준은 젊은 시절부터 약물을 잘 다뤘음을 짐작할 수 있어. 약재를 다루는 것은 글로만 배울 수 없었을 거야. 그러니 다른 의원 옆에서 직접 보고 배울 수밖에 없겠지.

허준은 단지 의학만 밝은 데 그치지 않고 경전과 역사까지도 능통했어. 이런 일은 평범한 의원의 수준을 훨씬 뛰어넘는 것이었어. 허준은 의학을 더욱 넓은 눈으로 볼 수 있는 경지의 학문을 공부한 거야. 이는 평범한 의원들이 가르쳐 줄 수 없는 부분이야. 그렇다면 허준은 보통 사대부들이 공부하는 것처럼 스스로 이런 공부를 깨우쳐 나가 높은 성취를 이뤘을 거야.

## 젊은 시절부터 의학을 특히 잘한 허준

허준은 30대 초반에 서울에서 의원으로 제법 이름을 떨치고 있었어. 이런 것으로 미루어 볼 때 허준이 일찍부터 의학 공부를 열심히 했음을 짐작할 수 있지. 또 "허준은 어렸을 때부터 총명했고, 공부하기를 좋아하여 경전과 역사에 밝았는데, 그 가운데 의학을 특히 잘했다."는 기록이 남아 있어.

허준과 같은 시대를 살았던 양예수의 『의림촬요』에 나오는 말이야. 『의림촬요』는 의사들에 대한 이야기를 담은 책이지. 이처럼 허준은 두루두루 기본 학문을 잘하는 가운데 의학 공부를 뛰어나게 잘했던 거야.

공부하기를 좋아하는 허준의 성품은 나중에 『동의보감』을 쓰는 데에 큰 도움이 되었을 거야. 책을 쓰려면 의술만 뛰어나다고 되나. 책을 두루두루 많이 읽어야 하고, 어휘력이나 문장력도 있어야 하지. 증거를 찾아볼까? 『동의보감』 중에 나오는 글을 함께 읽어 보자.

> 가슴과 배는 궁궐 같고, 팔다리는 궁궐 밖의 마을과 같다.
> 관절은 관리들이 할 일이 나뉘어 있는 것과 같다.
> 몸을 다스릴 줄 알면 나라를 다스릴 수 있다.
> 정신은 임금이고, 피는 신하이고, 기는 백성이다.
> 백성을 아끼면 나라가 편안해지듯이
> 기를 아끼면 몸이 온전하게 된다.
> ─『동의보감』, 내경편 중에서

그 시대의 정치사상과 의학을 함께 설명하고 있어. 또 이야기도 잘 썼지. 전쟁에 피난을 갈 때 아이의 울음을 멈추게 하는 법을 알려 주는 대목도 읽어 보자.

> 솜을 작고 둥글게 뭉쳐서 입에 넣되, 숨이 막히지 않게 한다.
> 감초 달인 물이나 단 것으로 솜을 적신다.
> 위험할 때 아이가 빨게 하면 소리를 내지 않을 뿐만 아니라 솜이 부드러워 아이의 입도 상하지 않는다.
> 불행히 난리를 만나 아이가 울면 적이 찾아올까 염려되어 우는 아이를 버릴 때가 있으니,
> 아, 슬프구나.
> 이 방법으로 많은 사람들을 살렸으니 이것을 모르면 안 된다.
> ―『동의보감』, 잡병편 중에서

전쟁통에 안타깝게 죽는 아이를 슬퍼하며 살리는 방법을 얘기해 주고 있어. 의학 책이 아니라 이야기 책 같아. 그렇다면, 이쯤에서 궁금해지는 게 있을 거야. 소설이나 드라마에 나온 허준의 스승님인 유의태한테 약물 다루는 기술을 배운 게 아닌가? 허준이 스승 유의태 시체를 해부하여 의술이 발전했다는 이야기는 『동의보감』에 나오지 않을까?

결론부터 말하면 유의태는 허준의 스승이 아니야. 명의 유의태는

실제 인물이긴 하지만 허준보다 거의 200년 뒤에 태어난 사람이야. 설마 허준이 200년을 넘게 살았다 해도 허준이 유의태보다 나이가 훨씬 많잖아. 그러니 어떻게 유의태가 허준의 스승이 될 수 있겠니. 허준이 스승을 해부하여 의술이 발전했다는 것도 재미를 위해 꾸며 낸 이야기지. 후대 사람들이 그럴 듯하게 붙여 놓은 거야.

또 젊은 허준이 예진 아씨와 사랑에 빠졌다는 사실 등도 다 꾸며 낸 이야기야. 소설가가 독자의 감동을 끌어내기 위해서 허구로 지어

낸 이야기지. 문학에서는 얼마든지 가능한 일이지만 역사에서는 없었던 일이야. 허준이 믿을 수 없을 정도로 훌륭한 의사였고 또 젊은 시절에 대해 밝혀진 기록이 없기 때문에 이런 재미있는 이야기들이 생겨난 것 같아.

# 허준, 의원의 길을 시작하다

나는 드라마보다 허준의 삶과 『동의보감』의 탄생기가 더욱 재미있고 감동스러워. 신분은 중인이었고, 의사라는 직업을 크게 인정해 주지 않는 신분 사회였고, 의학을 높이 사지 않았던 시대에 가장 위대한 의사와 의학 책이 나왔으니까 말이야.

꼭 높은 신분이고 풍족할 때 큰 성과를 내는 것은 아닌 것 같아. 이제부터 허준의 젊은 시절부터 『동의보감』이 탄생하기 전까지 어떤 일이 있었는지 본격적인 이야기가 펼쳐질 거야.

## 조선 시대에 의사가 되는 데에 걸리는 시간

어린 허준의 기록은 눈을 크게 뜨고 봐야 몇 개밖에 안 보였지. 허준의 10대와 20대 때의 기록도 없어. 조선 시대에 의과 과거 시험에 응시하는 지원자는 대개 10~20대 젊은이들이었고, 또 허준이 30대 초반부터 높은 벼슬에 올랐기 때문에 이런 사실들을 토대로 허준의 10~20대를 짐작해 볼 수 있어. 조선 시대에 의학 관리가 되는 길은

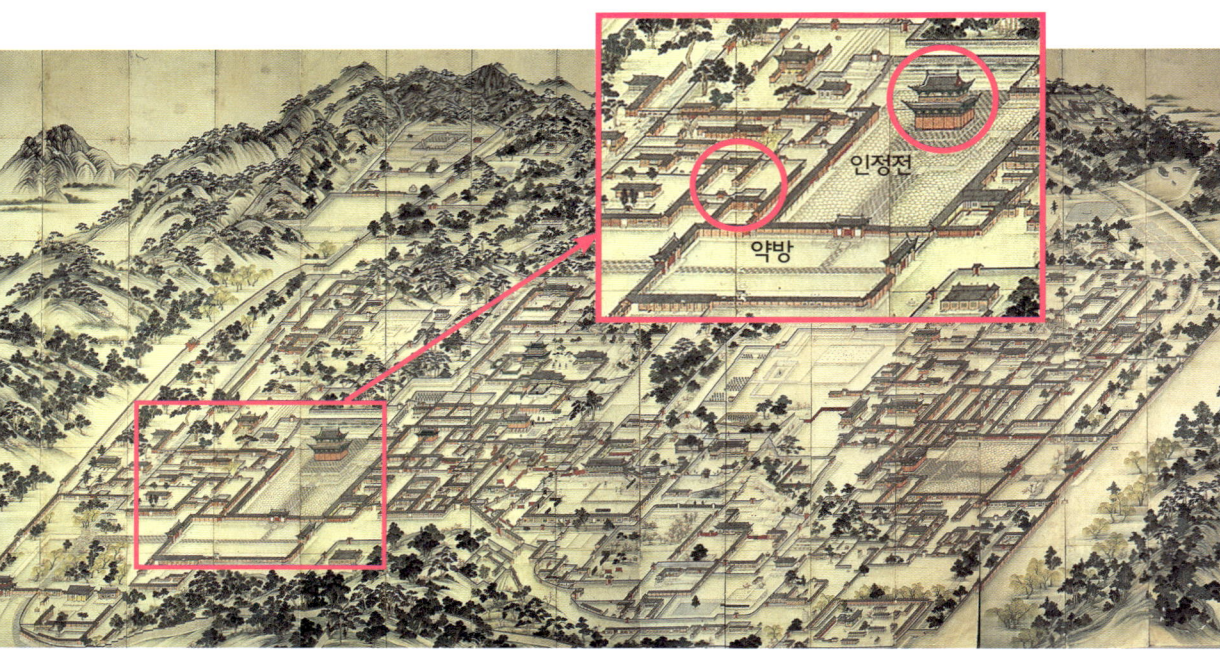

**창덕궁에 있는 약방(내의원)** 이 그림은 조선 시대에 그려진 궁궐 그림이야. 내의원은 조선 최고의 의료 기관으로 흔히 '약방'이라 불렀어. 임금이 일을 보는 인정전과 아주 가까운 거리에 있지? 임금을 언제나 가까운 곳에서 진료하기 위해서야. 약방은 허준이 가장 많이 머물렀던 곳일 거야.

정해진 절차가 있었기 때문이야. 왕의 총애를 받거나 특별한 재주를 인정받아서 높은 벼슬에 발탁된 거 아니냐고? 그건 드라마에서는 가능할지 모르지만, 실제로 그런 일은 거의 없었어. 관리가 되려면 과거 시험을 꼭 통과해야 했고, 관리가 승진하는 기간과 절차가 엄격하게 관리되었기 때문이야. 조선 시대에 이런 일에 예외는 거의 없었어.

허준이 벼슬을 얻어 의원으로 두각을 나타내던 때부터는 기록이 슬슬 나타나기 시작해. 현재 남아 있는 기록을 보면, 허준의 첫 벼슬이 뭐였는지 아니? 놀랍게도, 허준의 벼슬에 관한 최초의 기록은 내의원의 '종4품 첨정'이야. 이때 허준의 나이는 33세였어.

내의원의 종4품 첨정이라니! 내의원이 어떤 곳이니? 바로 왕의 병

허준, 의원의 길을 시작하다

을 돌보는 어의들이 있는 기관이잖아. 뭇 서민들의 병을 돌보는 병원인 혜민서도 아니고, 고관의 병을 돌보는 병원인 전의감도 아니고, 전염병 환자를 다루는 병원인 활인서도 아니고, 왕실 병원인 내의원에 허준에 대한 최초의 기록이 보여. 조선의 의원들이 가장 선망하는 곳은 당연히 내의원이었어. 선호하는 의료 기관을 순서 매긴다면 활인서, 혜민서, 전의감, 내의원 순으로 선호도가 높아질 거야.

'종4품 첨정'은 또 어떤 직책일까? 활인서, 혜민서, 전의감의 의관들에게는 존재하지 않는 높은 벼슬이었어. 문관이 맡는 병원장인 도제조, 부병원장인 제조를 제외하고는 의관 행정직으로는 그보다 높은 직책으로 '정'이라는 직책만 있을 뿐이야. 의원이 받을 수 있는 벼

슬 가운데 이보다 높은 것은 국왕의 주치의라 할 수 있는 몇몇 어의만이 있었을 뿐이고.

　첫 기록부터 예사롭지 않지? 30대 초반의 허준은 이미 당시 조선 의료계에서 가장 높은 곳 가까이에 도달해 있었어.

　허준이 어떻게 해서 이렇게 높은 벼슬을 얻을 수 있었는지 또한 수수께끼야. 허준이 잘 알고 지냈던 왕세자의 선생인 유희춘이 허준을 천거한 것이 32세 때였어. 그것이 받아들여져 이런 높은 벼슬을 받은 것이 틀림이 없겠지. 그렇다면, 문제가 하나 있어. 이때에는 과거에 급제하지 않은 사람은 결코 정6품 이상에 올라갈 수 없도록 한 규정이 있었다는 거야. 즉 과거에 급제한 사람만이 고등 관리가 될

자격을 가지는 것이지. 그렇기 때문에 누구나 기를 쓰고 과거에 합격하려고 노력했던 건데, 허준의 경우에는 현재까지 발견된 조선 시대의 의과 시험 명단에 이름이 없어.(현재 조선 시대 과거 시험 명단 중, 딱 하나만이 발견되지 않고 있는데 거기에 허준의 이름이 포함되어 있을 가능성이 있어.)

허준이 과거에 급제해서 관직을 얻었다면, 첫 직책은 혜민서나 전의감의 종9품 참봉이나 종8품 봉사 관직을 얻었을 거야. 어떤 경우가 되었든 종4품까지 승진하기 위해서는 오랜 시간이 필요했겠지. 좀 더 정확한 시간을 알아봐야겠어. 그러면 허준이 관직에 오르는 데에 얼마나 걸렸는지 알 수 있을 테니까. 무엇을 해 볼까? 그래, 조선 시대에 관직 한 품계를 오를 때마다 얼마나 걸리는지 계산을 해 봤어. 적어도 450일이 걸렸단다. 과거에 1등으로 급제하면 처음에 종8품의 벼슬을 얻게 되는데, 이후 한 번도 쉬지 않고 순조롭게 승진하여 허준이 했던 종4품까지 올라가기 위해서는 9.9년이 걸리지. 정9품인 2등 합격자의 경우에는 11.1년, 종9품인 3등 합격자인 경우에는 12.3년이 걸렸어. 과거 시험, 승진의 절차는 엄격히 지켜졌어. 그래서 이렇게 시간도 계산해 볼 수 있는 거야.

허준이 32세 전후에 종4품에 올랐음을 헤아려 볼 때, 허준의 20대를 짐작해 볼 수 있어. 만일 허준이 과거에 합격한 뒤에 승승장구하며 승진했다고 해도, 20세 초반에 처음 의관의 직책을 얻은 것으로 추정할 수 있어. 실제로 당시 의과 합격자가 10대 후반에서 20대 초반이 많았다는 사실과 일치해. 허준은 10~20대에 이처럼 과거 시험과 승진을 위해 공부와 진료에 매진했을 가능성이 높아. 만일 시험을 보지 않고 발탁이 되었다 해도, 이러한 노고를 뒤엎을 만한 학식과 명성을 인정받았지 않고서는 종4품 첨정이라는 높은 벼슬은 결코 얻을 수 없는 것이었지.

## 허준의 내의원 생활

내의원은 조선 최고의 의료 기관이야. 흔히 '약방'이라고 불렸어. '궁궐 안에 약방이 있는 곳'이라는 뜻에서 내의원을 약방이라고 부른 것이지. 우리나라의 궁궐 안에 약방을 두는 전통은 삼국 시대까지 거슬러 올라가. 왕을 우두머리로 하는 나라 조직이 갖춰지고, 약이나 침을 써서 병을 고치는 의학 방법을 사용하게 된 때부터 약방이 생겨났을 거야.

약방에는 약재가 쌓여 있었으며, 의원이 왕과 왕족의 질병을 돌보았어. 임금의 건강은 매우 중요한 의미를 띠었어. 조선 시대와 같은 왕조 사회에서 최고 지도자인 임금님이 아파서 나랏일을 보지 못하게 되거나 갑자기 죽었다고 상상해 보면 의원과 약방의 중요성을 실

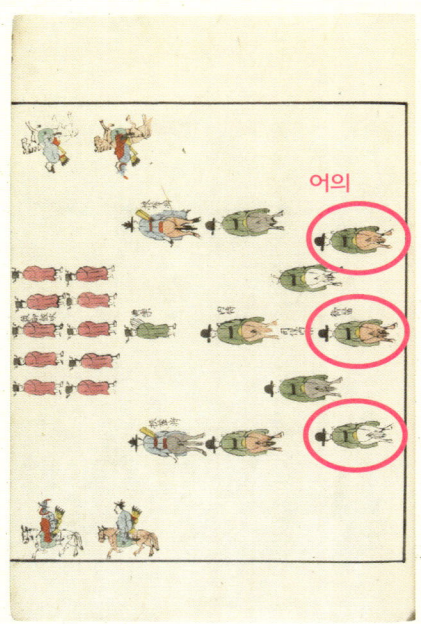
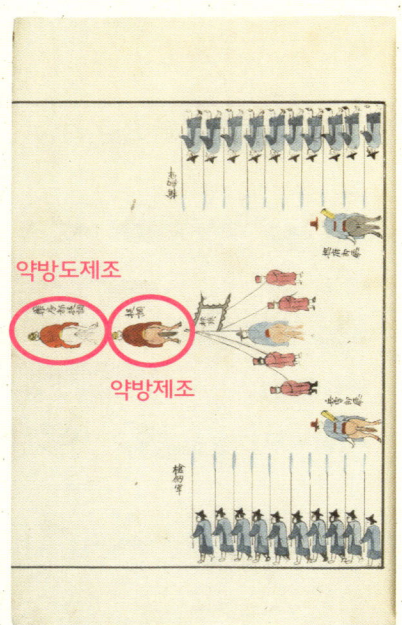

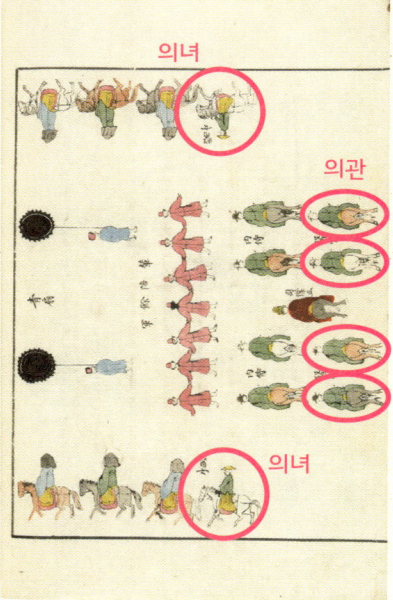

**의관과 의녀** 이 그림은 '영조정순왕후가례도감의궤'에 실린 거야. 영조의 결혼식 행렬이란다. 위 그림은 임금의 가마에서 얼마 떨어지지 않은 곳을 그린 거야. 아래 그림은 왕비의 가마 바로 뒤쪽을 그린 것이지. 모두 어의, 의녀 등 의관들이 뒤를 따르고 있어. 그림 속의 모습처럼 궁궐에 행사가 있을 때에도 의원들은 왕과 왕비 가까운 곳에서 혹시 있을지 모르는 상황에 늘 대비하고 있었지. 허준도 관리로서 또 의원으로서 자신의 자리를 지켰을 거야.

감할 수 있을 거야. 임금이 안정적으로 나랏일을 하기 위해 임금의 건강을 지키는 일은 매우 중요한 것이었어. 막중한 일을 위해 나라 최고의 의료 기관을 만들고, 최고의 약과 의사를 곁에 두며, 최고의 의학으로 임금을 보살폈지.

허준이 내의원에 들어가 보니, 조선 최고의 의료 기관답게 규모가 대단했어. 내의원에서 일하는 사람들은 모두 140명이 넘었어. 이 가운데 의원들이 20여 명이었지. 의원 일도 하고 행정 일도 보는 의관이 14명, 왕의 진료를 맡은 주치의인 어의가 서너 명 정도 있었어. 때에 따라서는 어의 수가 일곱 명까지 늘어나기도 했지. 내의원의 의관들은 대부분 다 허준처럼 약을 전문으로 쓰는 '약의'였으며, 침을 전문으로 하는 '침의'들도 몇 명 있었어. 그때는 약을 쓰는 의원인 약의와 침을 놓는 의원인 침의가 나뉘어 있었고, 약의들이 침의들보다 더 높은 대접을 받았어.

내의원 건물들을 둘러보니 중심부에는 약을 담은 커다란 약장을 갖춘 약방이 있었어. 이 밖에도 의원들이 근무하는 청사, 서책을 보관하는 서고가 있었고, 약재를 보관하는 창고, 의녀와 약 달이는 시종, 노비들이 거처하는 방들이 여럿 딸려 있었어.

내의원 약방을 처음 본 허준은 눈이 휘둥그레졌어. 허준은 이처럼 훌륭한 약방을 다른 데서 본 적이 없었거든. 여기에는 전국 각지에서 올라온 약재 237종, 중국에서 수입해 온 당약재 68종 등이 망라

**약 기구들** 허준이 일하던 내의원에는 수많은 약재와 함께 약 기구들이 많았지.

**약장** 약재를 담아 두는 장이야. 서랍마다 이름이 써 있어.

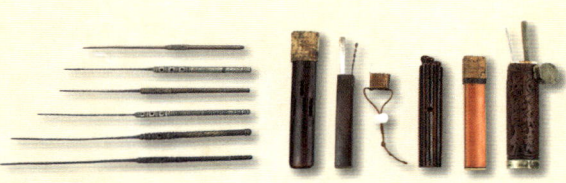

**침과 침통** 침은 여러 종류가 있어. 끝이 가늘고 뾰족한 것도 있고 납작하고 둥근 것도 있어. 침통은 침을 넣어 두는 통이지.

**약저울** 약재의 양을 재는 데 썼어.

**약절구** 약재를 잘게 부수거나 가루를 낼 때 쓰는 기구야.

**약연** 약재를 갈거나 즙을 짤 때 썼어.

**약탕기** 약절구나 약연으로 손질한 약을 담아 물을 넣고 달이는 그릇이야.

**약틀** 약탕기에서 끓인 약을 짜 내는 기구야.

**약순가락** 약재를 약탕기에 넣거나 약탕기의 약을 저으며 끓일 때 썼어. 약순가락은 순가락총에도 작은 순가락이 달려 있어.

되어 있었어. 산삼, 녹용, 우황, 사향 등 국산 명약과 용뇌, 침향, 계피, 육두구 등 수입 향료 등 아무 데서나 보기 힘든 약들이 거기에 다 있었지. 어떤 것들은 약장 안에 들어가 있었고, 어떤 것들은 커다란 봉지에 넣어져 그늘진 곳에 보관되어 있었어. 이 밖에도 약저울, 약절구, 약연, 작두, 약탕기 등 온갖 약 기구들이 비치되어 있었지.

허준이 내의원에서 맡은 일은 내의원의 살림 일체를 관장하고 때때로 임금의 진료에 참가하는 것이었어. 약재가 다 제대로 잘 들어왔는가, 썩거나 부패하지 않는가, 예산 집행은 딱 들어맞게 잘 되었는가, 참고할 의학 책들은 잘 관리되고 있는가, 어의들이 임금님 병 문안을 잘 들였는가, 임금님이 명한 고위 대신에 대한 진료는 잘 챙겼는가, 왕비님 병환 때 의녀들이 제대로 잘 진료를 했는가 하는 일들을 관리하는 게 허준의 몫이었어.

내의원 일은 정말 바쁘게 돌아갔어. 또 임금이 언제 갑자기 아플지 모르는 일이기 때문에 언제나 어의들과 의관들은 늘 대기 상태에 있어야 했지. 그것은 밤이라도 마찬가지야. 어의들이나 내의원 고위 대신 중 누군가는 궁에서 밤을 지새우면서 혹시라도 있을지 모르는 불상사에 대비해야 했어. 만일 위급한 일이 생겼을 때, 이런 준비가 덜 되어 있다면 내의원 관리들은 큰 벌을 받게 되지.

또 매일 아침에는 고위 대신, 어의, 기록 의관들이 함께 임금과 왕

비의 문안을 물었어.

"밤새 잘 주무셨습니까? 혹시 몸이 불편한 데는 없으신지요?"

하나하나 작은 증상도 놓치지 않고 잘 기록해 두어야 해. 만일 조금이라도 이상한 징조가 보이면 바로 진단하고 약을 만들게 했어.

임금이 큰 병에 걸리면 그야말로 비상 체제에 돌입하게 돼. 고위 대신들과 어의들, 의관들이 모여서 병의 원인을 따지고, 가장 적합한 약이 무엇인지 토의하지. 병환이 중하면 따로 병실을 만들어 모시고 그 곁에서 밤낮 없이 간호하면서 약을 쓰거나 침을 놓았어. 다

행히 병에 차도가 있으면 의원들은 관직이 올라가는 특전을 받거나 호랑이가죽, 말 같은 것을 선물로 받기도 하지. 반대로 일이 잘못되면 귀양을 가거나 사형을 당하기도 해. 이러니 내의원 진료는 신중에 신중을 기할 수밖에.

## 광해군의 천연두를 고치다

허준의 나이 쉰둘 때 드라마보다 감동스러운 일이 있었어. 아마도 이 사건이 없었다면, 어의 허준의 명성은 보통의 어의와 크게 다르지 않았을 거야. 그 사건이란 바로 허준이 나중에 광해군이 되는 동궁의 천연두를 고친 일이었지.

허준이 내의원에 들어왔을 때, 선조 임금이 왕좌에 있었고 내로라하는 명의가 즐비했어. 허준보다 선배인 안덕수, 이인상, 김윤헌 등에 이어서 비슷한 또래인 이공기, 남응명 등이 있었지. 특히 어의 중 으뜸 의원을 '수의'라고 했는데, 그때의 수의는 양예수였어. 양예수는 허준보다 스무 살에서 서른 살 정도 더 나이가 많았고 뛰어난 의술로 나라 안에 명성이 자자했지.

허준은 진맥에 관한 책을 써서 학문으로써 임금에게 높은 점수를 따고 있기는 했지만, 의술 솜씨에 대한 평가는 그 정도까지는 아니었어. 쟁쟁한 선배 어의들과 동료 어의들 사이에서 특별한 두각을 나타내지 못하던 허준에게 드디어 기회가 찾아온 것은 1590년 겨울이었어. 갑작스럽게 동궁이 천연두에 걸린 거야. 응당 동궁의 중병 치료는 노련한 선배 어의들의 몫이었지. 그 일은 아직 어의 중 서열이 낮은 허준에게 맡겨질 일이 아니었어. 그런데 상급자들이 한사코 그 일을 맡으려 하지 않았어. 세상에, 의원이 병 고치는 일에 손을 빼다니, 게다가 내의원의 의원들이 동궁을 치료하지 않았다니 믿을 수 없다고 말할지도 몰라.

왜 그랬을까? 그 까닭은 동궁이 다른 병이 아닌 '천연두'에 걸렸기 때문이야. 그때 천연두는 특별한 내력을 가진 단 하나의 질병이었어.

"천연두 병에 약을 쓰면 천연두 신이 화가 나서 병을 더 악화시켜 아이를 죽인다."는 믿음이 너무 강해서 어의들 모두가 벌벌 떨면서 치료에 나서지 않았어. 그때는 천연두가 귀신이 일으키는 병이라고 믿는 사람이 많았지. 그래서 지엄한 왕명을 거부해도 되었지. 심지어 임금도 천연두를 고치라는 명령을 내리지 못할 만큼 무시무시하게 여기는 병이었어.

하지만 선조는 그냥 두고 볼 수 없었어. 아들이 눈앞에서 죽어가는 모습을 보고 있을 수 없었지. 게다가 바로 지난해에 광해군이 아닌 다른 왕자가 천연두에 걸려 위험에 빠졌을 때 아무런 치료도 하지 않고 아들이 죽어가는 모습을 보면서 가슴이 까맣게 타 들어갔거든. 안타깝게도 그 아들은 죽고 말았단다.

이듬해 동궁이 천연두에 걸리자 선조는 아무리 천연두라 해도 두고 볼 수 없었어. 그래서 단호히 말했지.

"아무리 세상의 그릇된 믿음이 강하다 한들 이번에는 꼭 약을 쓰고야 말겠다. 약을 쓰지 않아도 죽는다면 약이라도 쓰고 나서 죽는 게 차라리 나으리라."

선조는 허준에게 동궁을 치료하라고 명령했어. 허준 홀로 동궁을 치료하게 되었지.

허준이 동궁의 상태를 보니 거의 죽음이 코앞까지 도달해 있었어. 병 때문에 생긴 까만 딱지들이 움푹 파인 상태로 온몸에 덕지덕지 붙어 있었지.

"아! 가장 고치기 힘들다는 흑함의 단계구나."

**천연두가 진행되는 과정** 천연두에 걸리면 모두 똑같은 과정을 거쳐서 병이 진행되지. 허준이 만난 15세의 광해군은 천연두의 4단계를 겪고 있었어.

**1단계** 심하게 열이 나고 무척 아파. 삼 일 뒤에 콩과 같은 점이 온몸에 돋아.

**2단계** 삼 일 동안 콩알 같은 점이 더 크게 부풀어 올라 물집이 커져.

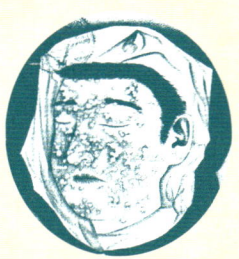

**3단계** 그 뒤 삼 일 동안에는 물집 속에 고름이 맺혀. 환자는 죽을 고비를 넘길 정도로 위험해.

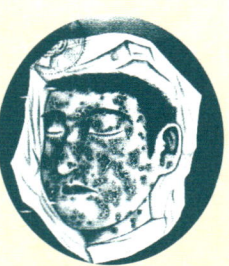

**4단계** 또 삼 일쯤 지나는 동안 고름이 터지고 딱지가 앉아. 이때 딱지가 잘 들어앉으면 나을 수 있지만, 그렇지 않으면 죽기도 하고 어쩌다 병이 나아도 얼굴이 우묵우묵 파이게 되지.

**5단계** 딱지가 시작된 지 삼 일쯤 지나면 딱지가 떨어져. 이런 다섯 고비를 다 넘어야만 천연두를 이겨 낼 수 있지.

천연두에 걸리면 처음에는 몸에 열이 나면서 피부가 벌겋게 되지. 그러다가 온몸에 조그만 구슬 같은 게 돋는데, 그 안에 고름이 가득 맺히게 된단다. 이 단계를 지난 후 구슬의 고름이 터져 딱지가 지게 되는데, 어떨 때는 고름 터진 곳이 까맣게 되고 움푹 파이게 돼. 이 상태를 '흑함'이라고 해. 환자가 가장 위험한 지경이 되는 거야. 이와 달리 고름 터진 곳에 딱지가 순조롭게 생기게 되면 살아날 확률이 아주 높단다.

허준은 나중의 책임 따위는 생각할 틈이 없었어. 병을 고칠 방도만을 찾아 골몰했지. 허준은 옛 의서를 모조리 뒤져서 동궁의 천연두를 고칠 처방을 여럿 찾아냈어. 그 가운데에는 돼지꼬리의 피를 주성분으로 하는 고약인 '저미고'라는 신묘한 처방이 들어 있었어. 첫 번째로 약을 쓰니 조금 회복의 기미가 보였어. 두 번째 약을 쓸 때에는 약간의 차도가 더 있었지. 세 번째로 약을 쓰니 동궁의 의식이 회복되었고, 그러고 나서 거짓말같이 동궁의 몸에 있던 천연두 병이 말끔히 나았어.

혹시 허준이 운이 좋아서 우연히 동궁을 고친 게 아니었을까? 허준이 동궁의 병만을 고쳤다면 그런 오해를 할 수도 있어. 그런데 허준은 이렇게 찾아낸 처방으로 다른 천연두 환자를 수도 없이 많이 고쳤어. 게다가 『언해두창집요』라는 천연두 치료 책자를 지어 민간에도 널리 퍼뜨렸어.

허준과 같은 시대에 살았던 이수광이라는 선비는 『지봉유설』에서 허준을 이렇게 칭찬했어.

> 민간에서는 천연두 걸렸을 때 약을 쓰지 않는 풍습이 강하게 남아 있어 앉아서 죽기만을 기다렸는데, 어의 허준이 이런 약을 쓰게 된 이후에 살아난 사람이 매우 많았다. 그리하여 민간의 아이들이 어려서 죽는 것을 면하게 되었다.

허준은 옛 풍습에 집착하는 다른 어의와 분명히 구별되는 태도를 보였고, 또 처방을 내어 병을 고쳐 냈어. 의사로서 허준의 태도가 돋보이는 이야기지. 수수방관하는 다른 어의들과, 환자를 치료하려고 힘쓰는 허준의 모습은 확연히 달랐어. 이 감동스러운 장면이 가상의 드라마가 아닌, 실제 허준의 삶에서 나타났단다. 만일 동궁을 고쳐 내지 못했다면, 엄청난 비난을 들으며 큰 벌을 받았을 거야. 그런 위험을 알면서도 연구하고 치료법을 찾아서 환자를 살렸어. 그 뒤 허준은 온 나라에서 '신 같은 의사'라는 뜻의 '신의'로 불리게 되었지.

왕자의 병을 고쳐 내자 큰 보상이 뒤따랐어. 선조 임금은 '당상관 정3품'이라는 높은 벼슬을 내렸지. 서자 출신은 오르지 못했던 높은 벼슬이었어. '신의' 허준은 여기서 멈추지 않았어.

## 임진왜란 동안, 선조 임금을 보살피다

1592년 5월 23일. 허준이 어린 광해군을 치료한 지 2년쯤 지났을 때 일이야. 고니시가 이끄는 일본군 선봉대 1만 8천7백 명이 7백여 척의 병선에 나누어 타고 부산포로 쳐들어왔어. '임진왜란'이 시작된 거야. 5월 28일에는 일본 가토의 부대가 부산에, 5월 29일에는 구로다의 군대가 세 번째로 김해에 상륙했어. 일주일 사이 세 부대가 침입한 거야. 6월까지 걸쳐 일본 침략군이 조선에 상륙했는데, 전체 규모는 무려 20여만 명에 달했지.

일본군은 전쟁 준비가 채 되어 있지 않은 조선군을 무찌르며 파죽지세로 서울을 향해 진격해 왔어. 신립 장군이 요충지인 충청북도 충주에 진을 치고 일본을 막으려 했지만 함락되어 버렸고, 그 뒤 일본군은 경기도 여주, 용인을 거쳐 서울 근처까지 도달했어. 그러자 조정에서는 부랴부랴 서울을 떠날 것을 결정했지.

6월 9일 새벽, 비가 내리는 가운데 선조 임금과 세자 광해군은 서울을 떠나 6월 16일에 평양에 도착했지. 피난을 떠난 거야. 일본군은 부산에 상륙한 지 18일 만에 서울을 점령하고, 이후 군대를 재편하여 아직 점령하지 못한 평안도, 황해도, 전라도 지방을 향해 진격했단다.

고니시가 이끄는 일본 군대가 북으로 올라오며 임진강을 건너고, 평양에 있는 대동강까지 육박해 오자 7월 19일 선조는 다시 평양을 떠나 북쪽으로 피난길을 나섰어. 임금 일행은 숙주, 안주, 안변을 거쳐 7월 30일 의주에 도착했지. 함경도 의주는 그때 조선의 북쪽 끝이었어.

하지만 조선도 힘없이 쓰러지지는 않았어. 이순신 함대가 이곳저곳에서 크게 승리하고, 곳곳에서 의병의 궐기가 잇따랐지. 그리고 중국 명나라가 대대적인 지원을 하게 되면서 조선군과 명나라 연합군이 전세를 역전시켰어. 이듬해인 1593년 2월 9일 평양성을 다시 찾고, 4월 23일 의주에 있던 선조는 평양으로 돌아왔어. 한 달쯤 뒤인 5월 19일 전세의 불리함을 느낀 일본군이 서울에서 전면적으로 퇴각하자 이튿날 서울도 되찾았지.

이후 일본군이 남쪽으로 완전히 물러나자 10월 24일 선조는 서울로 환도했어. 임금이 서울을 떠난 후 1년 4개월 만에 돌아온 거야. 서울로 다시 돌아오기는 했지만 전쟁은 아직 끝나지 않았고, 전쟁이 시작된 지 7년 남짓 후인 1598년 1월이 되어서야 길고 긴 전쟁이 끝을 맺었어.

임진왜란을 자세히 살펴본 까닭은 허준의 『동의보감』과 아주 밀접한 관련이 있기 때문이야. 임진왜란이 시작되고 일본군을 피해 선조 임금이 서울을 떠나 평양으로 향할 때를 다시금 보자. 피난하는 임금의 행차는 초라하기 그지없었지. 백성들은 자기 몸만 피하려는 왕을 향해 돌팔매질을 해댔고, 피란 상황에서 수많은 고관대작은 왕을 따르지 않았지. "나라가 망한다."는 요상한 소문이 갖가지로 퍼져 있어서 임금에 대한 충성보다는 자기 몸만 챙기려고 했기 때문이야. 임몽정이라는 높은 관리는 임금이 피난가기도 전에 하루 먼저 도망하여 떠났으며, 정사신이란 벼슬아치도 도망을 쳤어.

평양에서 다시 의주로 떠날 때에는 더 심각했어. 이미 나라가 망해 버렸다고 생각했기 때문에 임금의 주변에 고위 신하가 거의 남지 않았지. 문관과 무관을 합쳐 겨우 열일곱 명만이 임금을 따라 나섰어. 정말 초라했겠지. 어의로는 허준과 이공기 둘만이 임금을 따라 나섰고, 허준 혼자서 임금의 건강을 보살폈어.

전쟁이 끝난 후 선조는 허준이 한 일을 다음과 같이 회상했어.

임진년 6~7월 사이에 하늘은 어둑하고 장마가 가득한 땅을 따라 천리 먼 길을 갈 때 아침에서 저녁까지 달리고 또 달리는 것을 감당치 못해 자주 건강을 잃었다. 그때마다 허준의 돌보는 힘에 의지했다. 이렇듯 급하고 어려운 때를 맞아 잠시도 떨어져 있지 않고 여러 약초를 써서 병을 고쳤고, 그런 마음이 끝까지 변치 않았도다.

전쟁과 피난이라는 위중한 상황에서 늘 충효를 부르짖던 사대부들은 위선이 발가벗겨졌어. 그러니 허준 같은 사람들의 믿음직한 모습은 더욱 돋보였지. 이제 허준은 단순히 왕을 치료하는 어의에 그치지 않고 임금과 어려움을 함께하며 생사를 같이 넘나든 끈끈한 관계가 되었지.

전쟁이 잠잠해진 1596년, 허준은 동궁인 광해군의 중병을 또 한 차례 고쳤어. 천연두에서 살려 낸 고마움도 있는 데다가 또 새로운 공을 세운 허준을 선조는 양반으로 승격시켜 주었어. 신분 제도가 엄격하여 "아버지를 아버지라 부르지도 못하"던 시대에 허준은 서자로 태어나 중인이라는 신분상의 굴레를 쓰고 있었는데, 이때 벗게 되었어. 허준의 나이 58세 때 일이야.

전쟁이 완전히 끝나고 1604년 6월에 전쟁 때 공훈을 세운 인물 100여 명에게 공신 책봉이 있었어. 이때 서울에서부터 의주까지 임금이 탄 가마를 모신 사람을 호성공신, 전투에서 공을 세운 장수와 명나라에 군사를 얻으러 간 사신을 선무공신으로 삼았어. 호성공신, 선무공신 각각 3등급으로 나누어 상을 내렸지. 바다의 영웅 이순신과 행주대첩을 승리로 이끈 권율은 선무공신 1등이었고, 이순신을 천거한 유성룡은 호성공신 2등이었어. 또 중국 명나라에 군사 요청을 해서 지원을 이끌어 낸 이항복은 호성공신 1등이었지.

이순신, 권율, 이항복, 유성룡에 이어 허준은 호성공신 3등에 책정

되어 '양평군'이 되었지. 공신에게는 큰 마을 하나를 딱 떼어 주던 옛 형식에 따라 양천(양평) 지방을 허준에게 주면서 공신을 뜻하는 군을 붙여 '양평군'이 되었던 거야. 벼슬은 '종1품 숭록대부'에 올랐고. 중인이 종1품이 되다니! 더 올라갈 관직은 없었어. 조선 시대에 최고봉이야. 의원이 1품 벼슬을 받는 것은, 중인 출신의 의원으로서는 조선의 역사에서 처음이었고 허준 단 한 사람이었어.

## 양반의 미움을 산 허준

"어의 허준은 의술 솜씨가 뛰어나지만, 중인 주제에 왕의 총애를 업고 거만을 떤다."

허준이 임금의 총애를 받으며 높은 벼슬에도 오르고 승승장구하자 양반 대신들은 몹시 못마땅했어.

허준이 아직 세자이던 광해군의 천연두를 고쳐 당상관 벼슬을 받았을 때에 사헌부와 사간원의 양반들은 그 벼슬을 주지 말라고 왕에게 간청했어. 중인 주제에 당상관이 될 수 없다는 이유를 들었지. 또 "허준이 한 일이 임금과 중전의 병을 고친 것이 아니라 한 등급 아래인 왕자의 병을 고친 것이기 때문에 당하관에서 당상관으로 올리는 것이 가당치 않다"고 우겼어.

임진왜란을 치른 뒤 허준이 공신이 되어 서자 출신이고 신분이 낮은 중인 의원으로서는 유례가 없는 종1품 벼슬을 받자 양반들의 질시는 더욱 심해졌어. 허준이 휴가를 내어 파주에 있는 선산(조상의 무덤이 있는 산)에 다녀오자 양반들은 어의가 규정을 어기고 서울 바깥으로 떠났다고 하면서 파직하라고 요구했어. 양반들은 허준이 왕의 총애를 믿고 교만해져서 규정을 멋대로 어긴다고 주장했지.

1601년 자신의 중병을 고치자 선조는 감격하여 허준에게 최고 벼슬인 '정1품 보국숭록대부'를 내린 적이 있었어.

보국숭록대부가 어떤 벼슬이냐면, 영의정이나 우의정과 같은 정승 벼슬에 해당하는 거야. 우리 역사상 처음 있는 일이었지. 한갓 중인 출신의 의원이 그런 영광스러운 벼슬을 받는다 하니 사헌부와 사간원 등 온 양반들이 들고 일어나 반대를 했어. 반대에 밀려서 선조는 자신의 뜻을 꺾고 그 벼슬만은 물렀지 뭐야.

이렇게 높은 벼슬에 올라 양반의 질투를 사기 전부터도 허준은 양반한테 굽실거리며 살지 않았어. 1574년 어느 날 새벽녘, 박준이라는 양반 자제가 자기 아버지가 병을 앓자 내의원 의관인 허준의 집을 찾았어. 문을 아무리 두드려도 허준은 나오지 않았지. 박준은 양반을 이렇게 대접할 수는 없다고 생각하며 부아가 치밀었어. 왜냐하면 당시의 양반과 중인의 관계를 보면, 아무리 나이가 어리다 해

도 양반은 그보다 훨씬 나이가 많은 중인 할아버지에게도 "자네." 하며 반말로 부르고, 중인은 "예, 그렇습죠." 하며 존댓말로 대답할 정도로 상하 관계가 엄격했거든. 그런데 허준은 양반이 집까지 찾아와 다급히 부르는데 코빼기도 내비치지 않았던 거야. 오기가 난 박준은 매일같이 새벽녘에 허준의 집 문을 두드렸어. 여러 날이 지나자 그때서야 허준이 나와 왕진을 나섰지.

"내, 그대의 효성에 감동해서 이렇게 나서는 것이오."

양반한테도 이랬을 정도인데, 허준이 보통 사람들에게 어떻게 대했는지는 상상이 가고도 남아. 참 만나기 힘든 의원이었을 거야. 허준은 병 잘 고치는 것으로 명성이 자자했지만, 자신의 의술을 아무에게나 차별 없이 베풀지는 않았어.

"허준은 참 오만한 의사일세."

평민은 물론이거니와 양반들도 이렇게 수군댔지.

사실 내의원 의원과 어의는 나라 최고의 의원으로 나랏일에 무척 바쁜 자리였어. 의술이 뛰어나기 때문에 찾는 사람들은 셀 수 없이 많을 테고, 특히 고관대작의 환자들이 많았겠지. 이 일만으로도 너무 바빠서 내의원 의원들이 보통 환자들을 일일이 다 돌봐 주기에는 시간이 없었어. 우리가 병이 났다고 대통령 주치의에게 찾아갈 수는 없는 것처럼, 마찬가지로 당시의 어의들도 그러한 처지에 있었어.

허준도 예외는 아니었어. 하지만 그중에서도 허준은 더욱 까다로

웠어. 이는 깐깐한 허준의 성품 탓도 있었을 거야. 하지만 어느 정도는 당시의 신분 제도 탓이기도 했지. 의술 수준은 나라 최고였지만, 타고난 신분이 양반보다 낮았기 때문에 양반들이 허준을 얕잡아 보는 경향이 있었어. 그래서 양반들의 요구에 일일이 응하지 않음으로써 허준이 자신을 지킨 측면도 있었어.

소설 속의 홍길동이 신분제 타파를 위해 나가 싸웠다면, 허준은 자신의 의술로 호락호락하지 않음을 보임으로써 양반에 저항했던 거야. 허준의 이 모든 경험과 태도는 『동의보감』에 녹아들게 되지. 조선 시대는 최고 의원인 어의도 기술직인 잡관에 머물렀던 때야. 낮게 취급받던 의학에 흔들림 없이 매진했던 것은 의원이 하는 일이 얼마나 중요한가를 알고 있었고 또한 의학 공부에 대한 자부심도 꽤나 높았던 게 확실하지. 허준에게 이런 마음이 없었다면 동아시아 최고의 의학 책으로 꼽히는 『동의보감』을 써 내지 못했을 거야.

# 유배지에서 태어난 『동의보감』

허준은 환자를 진료하고 의학을 연구하면서 환자의 병상을 떠난 적이 없어. 왕실에서 동궁과 임금을 치료한 일뿐만 아니라 양반들도 많이 돌보았어. 그래서 『동의보감』에는 이러한 허준의 다양한 임상 경험이 녹아 있지.

하지만 『동의보감』은 허준이 환자들의 곁을 떠났을 때에 쓰였단다. 왜 그랬을까? 그 이야기를 들어 볼래?

## 대의의 길을 걷다

우리는 자기 의술만 펼치는 사람을 작은 의사인 '소의'라 부르고, 학문을 남기는 의사는 큰 의사인 '대의'라고 불러. 소의는 시대마다 많았지만, 대의는 매우 드물지. 소의로서 허준은 다소 인색한 측면이 있었지만, 대의로서 허준은 조선의 으뜸이야. 왜냐하면 가장 많은 의학 책을 썼고, 사람들이 알기 쉬우면서도 가장 좋은 책을 남겼기 때문이지.

"기술은 짧고 학문은 길다."는 말 들어봤지? 의원 한 사람이 의술을 펼쳐 환자를 구하는 것은 자기가 만난 환자를 고치는 데 그치지. 아무리 많이 고친다 해도 생전에 고쳐 낼 환자 수는 수십만 명이 고작일 거야. 만약 의학 책을 써서 펴낸다면 어떨까? 그것도 사람들 모두가 거기에 담긴 의술을 펼쳐 사람을 구하게 할 책을. 또 그 책은 다른 나라 사람들도 읽을 수 있고, 후손들도 읽을 수 있으니 환자들에게는 더욱 이익이 될 거야. 수백만 명, 수천만 명, 후손까지 생각하면 더 많은 사람을 고쳐 낼 수 있지. 그래서 기술은 짧고 학문은 길다고 할 수 있어.

서울에 되돌아온 선조는 길게 탄식을 했어.
"아, 어찌할거나. 왜란으로 일본군이 휩쓸고 간 자리에는 죽은 사람과 병든 사람이 수북하구나. 전쟁 때문에 농사일이 잘 안 되어 굶주리는 사람도 넘쳐 나는구나. 일본군이 책을 다 쓸어가 버려 처방을 내리려 해도 참고할 의학 책이 남아 있지 않구나. 이 모든 것이 내가 무능해서 생긴 일이도다!"

일본군이 조선 땅에서 완전히 떠나지 않았던 1596년 어느 날, 선조는 허준에게 명령했어.

"생명을 구하는 일은 무엇보다도 중요한 일이다. 급히 의학 책을 지어 곳곳에 나눠 주자. 지금 있는 최고의 의원들을 뽑아 의학 책을 편찬토록 한다. 기왕에 하는 일이니 중국 의학을 능가하는 책을 보고 싶다. 일본군이 경상남도에 주둔하여 버티고 있어 전쟁은 아직 끝나지 않았지만, 도탄에 빠진 생명을 구하는 일은 너무나 시급하기 때문에 이를 당장에 시행토록 한다. 허준 네가 이 중책을 맡아 일을 진행하라."

의학에 관심이 높았던 선조의 명령을 받아, 허준은 양예수, 정작, 김응탁, 이명원, 정예남 등 다른 5명과 함께 나중에 『동의보감』이라는 이름이 붙게 될 책을 쓰는 데에 나섰어. 아직 책 이름은 지어지지 않았지.

## 『동의보감』이 나오기까지 있던 우리나라 의학 책

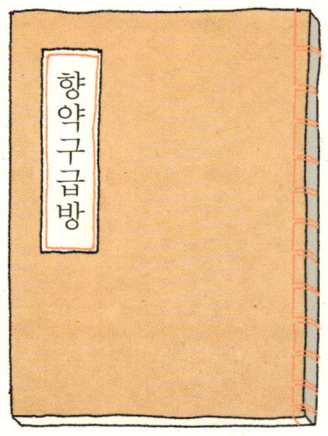

**『향약구급방』**
13세기에 처음 만들어졌어. 지금까지 남아 있는 가장 오래된 의학 책이야.

**『향약집성방』**
세종 때 약재의 국산화를 이룬 책이지.

**『의방유취』**
중국과 한국 의서를 종합한 의학 백과사전이야. 세종 때에 펴냈어. 그 당시 세계에서 가장 분량이 많았던 의학 책이란다.

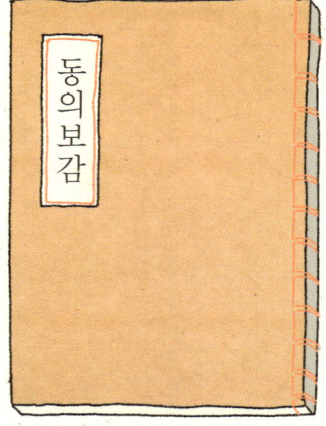

**『동의보감』**
중국과 조선 의학을 높은 경지에서 종합한 의서야. 조선 책으로 중국에서 가장 많이 읽혔고, 조선 후기 의학의 모범이 되었어.

## 『동의보감』의 첫걸음을 시작하다

의학 책을 짓는 데에 무려 6명이나 투입된 일은 조선의 역사에서 이전에 단 한 차례밖에 없었어. 세종 때 편찬된 세계 최대의 의학 백과사전인 『의방유취』를 편찬할 때 10명이 투입된 적이 있었지. 역시 세종 때 지은 방대한 의서인 『향약집성방』 편찬 때에는 겨우 3명만이 투입되었을 뿐이야. 전쟁 중에 6명이 투입되었다는 것은 『동의보감』 편찬 사업이 얼마나 절실하고 대규모로 계획되었는가를 짐작할 수 있어.

참여한 사람들도 쟁쟁했어. 양예수가 누구인가? 당대 최고의 의술 솜씨를 지닌 의원이었어. 뛰어난 의학 책인 『의림촬요』를 교정본 인물이기도 하고. 정작은 또 누군가? 그의 형 정렴과 함께 수명을 늘리는 방법인 양생술 분야에서 민간 최고의 고수로 알려진 사람이야. 김응탁, 정예남, 이명원 등 3명은 실력을 인정받은 젊은 어의들이지. 또 이명원보다 침술에 뛰어난 자는 없었어.

허준보다 나이도 많고 경험도 많은 양예수를 제치고 허준이 총책임을 맡은 사실로부터 선조가 허준의 학문을 얼마나 높게 평가했는지를 느낄 수 있지.

이들 여섯 명은 모여서 새 책을 짓기 시작했어. 우선, 집필을 하기 전에 다음 세 가지 원칙을 정했지.

첫째, 병을 고치기에 앞서 수명을 늘리고 병이 안 걸리도록 하는 방법을 중요하게 여긴다. 왜냐하면 당연히 몸을 잘 지키고 병을 예방하는 것이 병 걸린 후에 치료하는 것보다 더욱 낫기 때문이다.

둘째, 무수히 많은 처방들의 요점만을 간추린다. 중국에서 수입된 의학 책이 매우 많았는데, 이 책은 이렇게 말하고 저 책은 저렇게 말하는 등 앞뒤가 서로 맞지 않는 경우가 많기 때문이다.

셋째, 국산 약을 널리, 쉽게 쓸 수 있도록 약초 이름에 조선 사람이 부르는 이름을 한글로 쓴다. 시골에는 약이 부족하기 때문에 주변에서 나는 약을 써야 하는데, 그게 어떤 약인지 잘 모르기 때문에 시골 사람이 부르는 약초 이름을 쓴다.

이런 원칙에 따라 책을 짓기 위해 겨우 목차 정도를 정했을 때, 다시 전쟁이 터졌어. 일본군 14만여 명이 또 쳐들어 왔어. 우리가 정유재란(1597년)이라 부르는 전쟁이야. 난리가 나자 『동의보감』을 짓는 일은 중단될 수밖에 없었지. 난리 중인 데다가 참여했던 사람들이 뿔뿔이 흩어져 버렸거든.

## 홀로 『동의보감』을 쓰게 된 허준

전쟁이 완전히 끝난 뒤 1601년 봄, 선조는 잊지 않고 허준을 불렀어. 왕실에서 소장하고 있던 고금의 의서 500여 권을 내주면서 허준에게 의학 책의 편찬을 맡겼지. 선조의 의학 책을 펴내려는 집념도 대단해. 전쟁이 끝나자마자 허준을 불렀어. 그만큼 중요한 일이라고 생각했기 때문이야.

이때 선조는 허준에게 의학 책을 '홀로' 편찬하라고 했어. 여섯 명이 함께하던 일을 허준 혼자 하게 되었으니 허준의 어깨가 무거워졌을 거

야. 선조는 게다가 더욱 시급한 의학 책인 『언해태산집요』, 『언해구급방』, 『언해두창집요』를 『동의보감』보다 먼저 지어내라고 명령을 내렸어. 어떤 책이기에, 『동의보감』보다 먼저 내라고 했을까?

『언해태산집요』는 요즘으로 말하자면 부인과와 소아과를 담은 의학 책이었어. 아이를 낳을 때 어떻게 하면 안전하게 낳고, 낳은 다음에는 병 안 걸리게 잘 키울 수 있을까? 아이를 안전하게 낳고 길러야 나라의 인구가 늘어 부강하게 되는 거야. 당시는 아이 다섯을 낳았다 해도 둘, 셋이 죽을 정도로 아이를 낳아 잘 기르는 것이 집안의 커다란 문제였어.

『언해구급방』은 갑자기 발생한 위급 상황 때 대처하는 각종 방법들을 담았어. 갑자기 벌에 쏘였을 때에는 어떻게 하지? 또 아이가 동전을 삼키거나 뱀한테 물렸을 때에는 어떻게 하지? 독버섯을 먹었을 때에는? 이런 구급 상황은 너무나도 갑작스럽게 일어나는 일이어서 의원을 찾기 이전에 심각한 상태가 되거나 죽어 버릴지도 몰라. 재빨리 조치해야 하지.

『언해두창집요』는 천연두를 고치기 위한 각종 비법들을 담았어. 천연두는 당시 아이들한테 가장 흔하면서도 무서운 병이었으니 고칠 방법이 절실했거든. 게다가 이 병에 걸리면 약을 쓰지 않으려고 하니 그것을 깨기 위해서도 효과 있는 방법을 널리 알려줄 필요가 있었어.

『동의보감』은 사실 이 세 책의 내용을 모두 담고 있긴 하지만, 그 가운데 시급하면서도 중요한 병을 고칠 책을 먼저 만들라는 명령이었지. 허준은 세 권의 책을 지으면서 한글 번역을 같이 실었어. 당시에는 거의 모든 책들이 한문만을 사용했는데 말이야. 한글을 같이 실은 것은 한자를 모르는 백성들과 여자들이 많이많이 읽도록 하기 위해서였어.

비록 허준이 일일이 백성들의 병을 돌보지는 않았지만, 바로 이런 방법을 통해서 드높은 의술 솜씨는 민간에 널리 전해지게 되었어. 그로 인해서 살아나는 사람들이 헤아릴 수 없을 정도로 많았단다. 이처럼 허준은 소의의 길을 넘어 대의의 길을 실천했어.

이 세 권의 책은 선조 임금이 명령을 내린 그 해에 모두 지어서 바쳤어. 그럼 『동의보감』은 어떻게 되었을까? 혼자 쓰게 된 『동의보감』은 홀로 집필하라는 어명을 받은 지 7년이 지난 1608년이 되도록 절반도 끝내지 못한 채로 있었어.

## 사람을 살리는 책 『동의보감』의 완성

1608년 봄, 허준이 69세 때야.

"허준을 의주로 귀양 보내라. 임금의 병에 약을 잘못 써서 죽게 한 것이 죄이렷다!"

조선에서 중인 출신의 의원으로서 처음으로 종1품 숭록대부 벼슬을 받고, 더 나아가 정1품 보국숭록대부를 받기 직전까지 승승장구했던 허준은 늘그막에 이런 청천벽력 같은 일을 당했어. 임금이 세상을 떠났던 거야.

돌이켜 보면, 선조는 타고난 건강이 좋지 않은 데다가 전쟁으로 입은 정신적 타격이 너무 컸는데, 어의 허준 덕분에 몇 차례 죽을 고비를 넘기면서 버텨온 것이었어.

"아니, 허준 어의는 왜 그렇게 센 약을 쓰시는 겁니까? 그러면 설사를 계속해서 온 몸의 기운이 다 빠져 나가지 않습니까?"

허준이 임금을 치료하면, 문관들이 허준을 꾸짖었어.

"임금님 병환은 너무나도 중병이어서 이렇게 특별 조치를 하지 않으면 아무런 효과도 없습니다. 겨우 몸을 보호할 약을 쓴다면 이 병은 고칠 수 없습니다."

허준이 대답했지. 하지만 임금의 병은 악화되었고, 허준의 마음은 더욱 안타까웠어. 허준에게 선조 임금이 누구신가. 전쟁 때 함께 했고 자신을 그 누구보다도 총애한 임금이었어. 양반으로 올려 주었고, 공신으로 책봉해 주었고, 심지어 사상 유례가 없는 정1품 벼슬을 내리려 했던 분이지. 그 누구보다도 의사로서 선조의 병을 가장 염려했던 사람이 바로 허준이었던 것은 분명해.

"이미 거의 가망이 없는 지경에 이르렀지만, 만약 단 1푼의 가능성이 있다고 한다면, 아무리 센 약이라도 써서 임금을 살려야 한다."

허준의 머리에는 이런 생각밖에 없었을 거야. 허준은 임금의 몸에 든 삿된 기운을 몰아내기 위해 크게 설사가 나게 하는 약을 쓸 수밖에 없었어. 온 힘을 다했지만 선조는 세상을 떠났어. 문관들은 임금이 세상을 떠나자 "허준이 독한 약을 써서 임금이 돌아가셨다."며 허준이 임금을 죽인 것처럼 몰아세웠지.

선조를 뒤이어 왕좌에 오른 광해군은 아버지의 병이 회복하지 못할 지경에 이르렀기 때문에 돌아가신 것이지 어의의 잘못이 아님을 잘 알고 있었지만 문관들이 시끄럽게 주장하자 허준을 의주로 귀양살이를 보내게 되었어.

보통 중죄인은 제주도나 흑산도 같이 바다 건너 먼 섬으로 귀양 보내는데, 서울에서 멀긴 하지만 그래도 의주는 교통이 편하고 살기가 괜찮은 곳이었어. 광해군이 허준을 이런 의주 지방으로 귀양을 보낸 것은 두 차례씩이나 죽을 고비에서 자신을 살려 준 허준의 은혜를 잘 알고 있었기 때문이지.

임금이 세상을 떠난 것은 허준에게 하늘이 무너지는 것과 같았어. 선조와 허준은 서로가 서로를 뒷받침해 주는 기둥과 같은 사이였는데 한쪽 기둥이 무너져 내린 것이지.

"절망에 빠져 있을 수만은 없지 않은가. 임금은 가시고 없지만, 임

금의 뜻은 아직 시퍼렇게 살아 있다. 임금께서는 7년 전 나를 믿고 의학 책 500여 권을 내주면서 『동의보감』을 펴내라 하시지 않았는가. 내가 그동안 너무 바빠서 그 일을 거의 진척시키지 못했는데, 이제 그 일에 몰두한다. 귀양살이로 몸은 고달프겠지만, 책 쓸 시간은 넉넉해졌다. 그 책이 나오면 임금께서도 지하에서 기뻐 춤을 추실 거다."

의주로 향하면서 허준은 이렇게 마음을 굳게 먹었지. 유배지에서 허준은 책을 쓰는 일에만 집중했어. 2년이라는 짧은 시간이었지만 허준의 70년 동안의 경험과 공부가 뒷받침되었기 때문에 가능했지. 어린 시절에 공부했던 것, 내의원에서 일했던 경험, 이전의 의학 책들을 탐구하고 연구한 일, 왕과 동궁을 살려낸 열정, 그리고 천연두나 생활 속 질병을 고치기 위해 연구하고 썼던 모든 집필의 경험이 녹아들어 『동의보감』이 완성되어 갔어.

책 쓰는 일에만 집중하니 막혔던 부분도 술술 풀렸어. 처음 명령을 받고 나서 12년 동안 채 절반도 쓰지 못했는데, 귀양살이 2년이 안 되는 시간 동안에 책을 다 끝냈어. 어쩌면 허준에게 귀양살이는 『동의보감』을 쓰느라 눈 깜짝할 새에 지나가 버렸을지도 몰라.

허준은 광해군 덕분에 1년 8개월 만에 귀양이 풀려 서울로 돌아왔어. 마지막 손질을 거쳐 1610년 여름에 허준은 『동의보감』 25권을 광해군에게 올렸어. 선조가 처음 명령을 내린 지 14년 만이야. 허준

은 자신을 아껴 준 임금을 살려 내지는 못했지만, 임금과의 약속, 즉 '백성을 위한, 중국을 능가하는 최고의 의학 책 편찬'이라는 약속을 지켜 냈어.

책을 받은 광해군은 감격했어. 허준이 귀양살이라는 어려운 처지에 있으면서도 선왕의 약속을 지켜냈기 때문이야. 게다가 너무나도 훌륭한 책이었지.

# 『동의보감』 속으로

『동의보감』이 유명해져서 지금은 '동의'라는 말이 익숙하지만, 사실 '동의'는 아주 특별한 말이란다. 허준이 책 이름을 지으면서 처음 쓴 말이야. 어느 나라와 견주어도 최고 수준임을 나타내지. 그렇다고 조선만의 의학을 강조하는 것은 아니야. 그때 의학의 근본을 바탕으로 모든 질병과 치료를 거울처럼 밝게 제시해 준다는 자신감이 담긴 말이지.

『동의보감』이 어떻게 꾸려진 책인지, 『동의보감』을 지은 뒤 허준은 어떻게 지냈는지 보러 가자.

## '동의보감' 이름에 담긴 뜻

광해군은 글을 가장 잘 짓는 것으로 유명한 대제학 이정구에게 허준이 쓴 책의 머리말을 짓게 했어. 머리말을 쓰려고 『동의보감』을 자세하게 살펴본 이정구의 눈을 따라가며 우리도 『동의보감』을 살펴보자.

"『동의보감』이란 무슨 뜻일까?
『동의보감』 안에는 어떤 내용이 들어 있을까?
『동의보감』은 얼마나 쓸 만한 책인가?
『동의보감』은 우리나라 사람이 이용하기에 적절한가?"
이정구는 허준이 쓴 원고를 보면서 이런 궁금증들이 생겼어.

이정구는 우선 허준이 집필 방침을 담아 놓은 『동의보감』의 「집례」를 읽어 보았어. 거기에는 '동의보감'이라는 이름을 짓게 된 이유가 설명되어 있었어.

중국에는 남쪽 지방의 의학 전통과 북쪽 지방의 의학 전통이 있어서 각기 '남의', '북의'라 이름을 부른다.
우리나라 조선은 동쪽에 있으며 의학 전통이 빛나게 이어져 왔으니 '동의(東醫)'라 부를 만하다.

　그 당시까지 우리나라 의학은 '향약'이라고 불렀어. 세종 때 지은 유명한 의학 책 이름이 『향약집성방』이잖아. '동의'는 새로운 쓰임이었지. 이정구는 이렇게 생각했어.

　'아, 그래서 동의라는 이름을 쓴 것이구나. 또 우리나라의 의학을 중국 의학과 맞먹는 것으로 보고 있으니 어의 허준의 자신감이 그야말로 대단하구나.'

　그때까지 중국은 동아시아 의학의 원조이자 가장 높은 수준을 자랑했지. 『동의보감』은 나오자마자 단박에 조선의 의학을 중국 의학 수준으로 끌어 올렸단다. 이정구는 허준이 지은 이름인 '동의보감'의 뜻도 하나씩 새겨 보았어. 다시 「집례」를 들여다보았더니 이렇게 쓰여 있었어.

이 책을 열어서 보면 밝은 거울처럼 분명할 것이다.

이정구는 무릎을 쳤어.

"그래! 우리가 원하던 책이 바로 이런 책이지. 죽게 될 병인지 살 병인지 구별해 내고, 병이 가벼운지 무거운지 단숨에 알아서 병을 고쳐 나간다면 안성맞춤이지. 그런데 세상의 많은 의원들은 이런 것을 잘 못 가려 살 환자를 죽이기도 하고, 가벼운 환자를 악화시키기

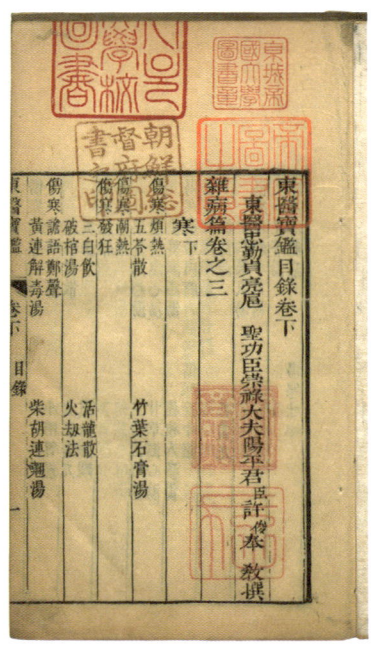

『동의보감』의 목차 목차만 해도 100쪽이 넘는 분량이야. 목차가 자세해서 어떤 병인지 알면 찾아보기 쉽게 되어 있어. 의사뿐만 아니라 환자도 찾아볼 수 있지.

도 하지."

『동의보감』이라고 책의 제목을 지은 뜻은 '우리나라 사람이 지은, 거울에 비춘 것처럼 틀림없는 의학 책'이라는 것을 깨쳤어.

책 이름에 대한 궁금증이 풀린 이정구는 그다음, 책의 목차를 본 순간 놀라움을 금치 못했어. 100쪽이 넘었지. 분량보다 더 놀란 것은 구성이었어. 여태까지 전혀 보지 못한 새로운 분류였거든.『동의보감』은 다른 의학 책처럼 '질병'을 중심으로 하지 않았고, 대신 '몸'을 중심으로 해서 완전히 새롭게 책의 내용을 구성하고 있었지.

세종 때 나온『향약집성방』은 병을 중심으로 목차를 구성하고 있는데, 각기병 다음에 요통이 나오고, 그다음에 설사, 어지럼증 이런 식으로 이루어져 있단다.『동의보감』은 이와 달리 몸속의 오장육부에 이어, 몸 겉의 머리, 몸통, 사지에 이르기까지 일목요연하게 구성되어 있어.

몸을 중심으로 의학 책을 구성하면 뭐가 좋을까? 의사는 물론이고 환자 스스로 책을 찾아볼 수 있는 지도와 같은 역할을 할 수 있게 되지. 어떤 병인지 알기 전에 몸의 어느 곳에 아픈 증상이 있다면 목차에서 해당하는 곳을 찾으면 그 병이 어떤 병인지 쉽게 알 수 있잖니? 어떤 병인지 알아야 치료도 가능하게 되는 거지. 이전의 의학 책들에서 그런 방식이 쓰였던 적이 있긴 하지만 철저하지 않았어.『동의보감』은 아주 철저하게 사람의 몸 중심으로 구성해 냈어.

## 사람의 몸을 중심으로 구성한 『동의보감』

 첫 번째 「내경편」에서는 몸의 기본을 이루는 기운과 그것을 기르는 방법, 이를 통해 수명을 늘리고 건강을 향상시키는 방법이 주류를 이루었어.

 두 번째 「외형편」에서는 머리·얼굴·손발 등 각종 부위에 대한 설명과 거기에 생기는 증상들을 다루었어. 그럼, 병의 증상에 관한 내용은 없었을까? 세 번째 「잡병편」에 수록되어 있었어.

 그다음, 치료법은 「탕액편」에 약물 치료가, 「침구편」에 침과 뜸이 실려 있지.

> 『동의보감』의 내용 순서
> - 내경: 몸 안의 세계
> - 외형: 몸 겉의 세계
> - 잡병: 병의 세계
> - 탕액: 약물의 세계
> - 침구: 침구의 세계

이처럼 허준은 철저하게 몸을 중심으로 한 의학 책을 만들어 냈으며, 모든 의학 내용을 무척이나 가지런히 정리한 거야. 오늘날 지극

히 평범하고 당연하게 여기고 있는 이런 큰 분류가 『동의보감』에서 처음 시도된 것이지.

이정구는 놀라고 또 놀랐어.

"왜 옛 사람들은 이런 것을 생각해 내지 못했을까?"

이정구는 다시 감탄했지. 이정구는 목차를 훑어 본 다음에 책을 죽 따라 읽어 나갔어. 책이 두툼해서 다 읽는 데 꽤 많은 시간이 들었지. 읽을수록 『동의보감』의 장점이 돋보였어.

"이 책은 옛 것과 지금의 것을 두루 포괄하면서도 그 핵심을 잡아 요점을 잘 제시하고 있다. 상세하지만 산만하지 않고, 요약되어 있으되 포괄하지 않는 것이 없다. 병이 걸린 사람은 비록 그 증상이 천 가지, 만 가지로 차이가 나지만 이 책에 따르면 그 모든 경우를 대처할 수 있다. 환자의 병증을 목록에서 찾아서 처방을 찾아 약을 쓰면 된다. 멀리 옛날 의서를 참고할 필요도 없고 가까이 옆집에 가서 처방을 찾을 필요도 없을 것 같다. 오직 이 한 책만 있으면 되겠다. 진실로 놀라운 책이로다."

이처럼 『동의보감』은 2천여 가지의 병 증상에 4천여 가지 처방을 요령 있게 알 수 있도록 되어 있어.

"탕약에 들어가는 약물의 양에 대해서도 고민한 흔적이 보이네."

이정구는 또 한 번 허준의 세심한 배려에 감탄했지.

"어떤 책에 따르면 한 처방에 약물의 양이 너무 많이 들어가 약값이 많이 올라갈 수밖에 없었지. 그래서 가난한 사람들이 이용하기에 어려운 점이 많았고. 또 어떤 책들은 약물이 너무 적게 들어가 제대로 효과를 보지 못했지. 적절한 분량으로 약의 효과를 보게 되면 가장 이상적일 텐데, 허준이 그 방법을 제대로 찾아낸 것 같구나.

또 국산 약 사용은 어떤가. 시골 사는 사람도 약을 쓸 수 있도록 우리가 부르는 약물 이름과 생산지, 채취 시기, 가공법 등을 적어 놓았군. 시골에서도 이 책이 크게 도움이 되겠구나."

『동의보감』에 나오는 약재의 수는 약 1천4백 개야. 이 중 1천3백

여 개가 국산 약재였어. 이건 굉장한 거야. 이전의 의학 책에는 수입 약재가 많았거든. 게다가 이름도 한글로 써 있고, 약물의 양도 알 수 있었으니 의사가 아니라도 누구나 활용할 수 있는 책이 되었어.

이러한 여러 장점 중에서도, 이정구는 '양생' 부분이 마음이 들었어. '양생'은 병들지 않도록 조심하고 몸을 수양하는 것이지. 늘 튼튼하게 하고 오래 살게 하는 방법을 담은 거야.

"병이 든 다음에 고치는 것보다 병들지 않게 하는 게 더 낫지. 그

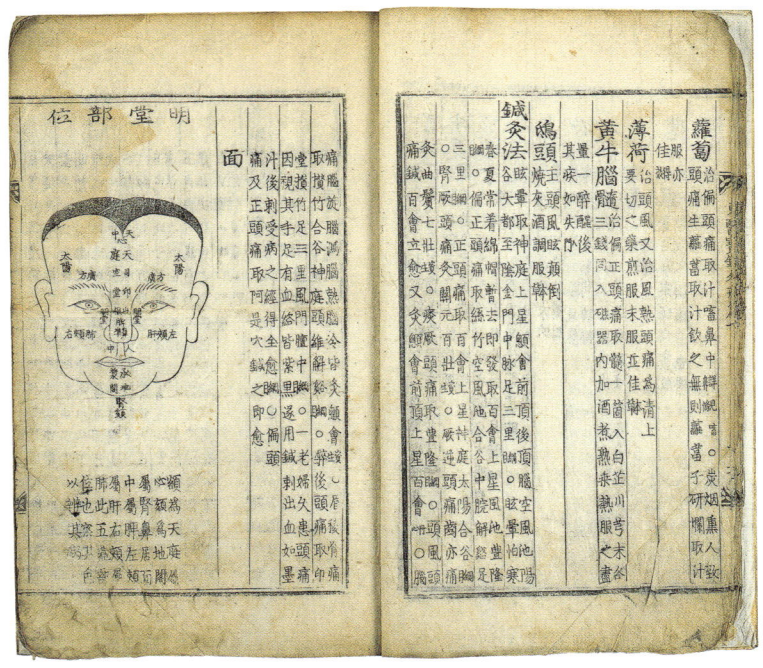

『동의보감』 초판본 1613년에 처음 나온 『동의보감』이야. 「외형편」에 얼굴 그림이 그려져 있어.

렇게 하려면 대자연의 원칙에 입각해서 계절에 따라 잠자고 먹고 활동하는 것을 조심하고, 또 욕심을 줄이고 절도 있게 생활하는 것이 중요하구나. 술과 고기를 지나치게 먹지 않아야 하고 재미있는 일이라고 해서 거기에 깊이 빠져서도 안 되고.『동의보감』의 양생법대로 검소하고 경건한 생활을 날마다 실천한다면, 건강해지는 것은 물론이거니와 더 나아가 우주와 나 자신이 하나로 합치된다는 느낌을 받을 수 있겠는걸."

보면 볼수록, 모든 점에서『동의보감』은 진실로 의학의 보배로운 거울이요, 세상을 구제하는 훌륭한 방법이라는 걸 알 수 있었어. 이정구는 어의 허준의 뜨거운 열정과 드높은 학식, 그것을 책으로 이끌어 내도록 한 선왕 선조의 어진 뜻을『동의보감』의 머리말에다 써서 많은 사람들이 제대로 알도록 했지.

조정에서는『동의보감』을 빨리 찍어 서울과 지방 곳곳에 보내도록 했어. 그렇지만 25권이나 되어 분량이 방대했고 내용이 상세하고 정교했기 때문에 책을 인쇄하는 데에만 3년이 걸려서, 1613년이 되어서야 책으로 세상에 모습을 드러냈어.

허준이 지금까지도 명의로 드라마나 책에서 되살아날 수 있는 건 이렇게『동의보감』이라는 책을 썼고, 오늘날까지 그 책이 전해지기 때문이란다.

## 끝까지 돌림병과 싸우다

"아니다! 돌림병은 결코 귀신이 일으키는 병이 아니다. 나쁜 기운 때문에 생기는 것이다."

두 해 전, 『동의보감』을 지어 바치면서 70대의 허준은 이제 자신이 할 일이 다 끝난 줄 알았어. 하지만 세상은 잠시도 허준을 쉬게 내버려 두지 않았어. 1612~1613년 함경도의 육진 지역에서부터 시작한 '온역'이라는 병이 차차 남쪽으로 내려오며 번졌어. 평안도, 강원도를 거쳐 서울과 전국 팔도에 유행하지 않는 곳이 한 곳도 없었지. 온역에 걸리게 되면 오랫동안 고열이 계속되고 피곤하며 피부에 부스럼이 나고 갑작스럽게 설사를 하는 증상이 나타났다가 심한 경우 죽게 되었어. 1612년 함경도 지방에서만 2천9백여 명이 목숨을 잃었지. 전국으로 따진다면 이보다 훨씬 더 많은 사람이 온역으로 죽었을 거야.

돌림병(전염병)은 유행병, 역병, 염병이라고도 말해. 사람들이 모여 살면 병균도 옮겨 다니기 쉬워지지. 예전에도 오늘날에도 돌림병은 사람들에게 큰 위협이 되고 있어.

온역이 크게 돌자 나라에서는 서둘러 대책을 마련했어. 유행하는 지역에 의원을 파견하고 약을 보냈지. 그러면서도 그 병이 함경도 지방의 전쟁에서 억울하게 죽은 병사들의 넋이 일으킨다고 보아 제사를 지내도록 했어. 대처법을 잘 모르는 백성들을 위해 간단한 의학 책인 『간이벽온방』을 수백 부 찍어 내려 보냈고. 이 책 안에는 병 고치는 방법보다는 "동짓날 팥죽을 먹으면 온역에 안 걸린다", "단옷날 창포물에 머리를 감으면 온역에 안 걸린다" 이런 처방이 더 많이 들어 있었어. 하지만 이 모든 조치가 효과가 없었어.

그러자 조정에서는 허준을 찾았어.

"온역을 없앨 새 책을 만들어 주시오."

허준은 기도하거나 운에 의지하는 방법을 대폭 줄이고, 의학 내용으로 채웠어. 병이 생기는 원인, 병이 생겼을 때 나타나는 여러 증상, 각종 증상을 고치기 위한 방법들을 주장했지. 허준은 수많은 목숨을

**굿을 하는 무당** 병에 걸렸을 때 의원을 찾아가기보다는 기도를 하는 백성들이 더 많았어. 무당의 굿으로 병을 들게 하는 귀신들을 쫓으려는 거야.

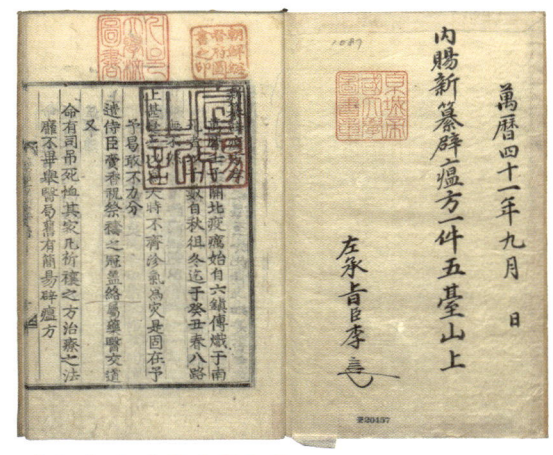

**허준이 쓴 『신찬벽온방』** 온역이라는 병이 심각할 때 나라의 명을 받아서 허준이 지었어. 의원들은 이 책을 보며 병을 예방하고, 환자들을 치료했지.

『동의보감』 속으로 97

앗아 간 돌림병을 연구하면서 이렇게 과학적인 태도로 연구했어.

"이 병은 나쁜 기운이 침투해서 생기는 거야. 병을 일으키는 나쁜 기운이 아직 몸 겉 부분에만 있는 경우, 중간에 있는 경우, 몸속 깊은 데까지 침투한 경우 등 세 단계가 있지. 병이 몸 겉에 있을 때에는 땀을 내도록 하라. 그다음, 병이 뭉쳐 있을 때에는 그것을 풀어 주는 약을 쓰도록 하라. 마지막으로 병이 깊게 있을 때에는 설사를 시켜라."

이러한 허준의 처방은 1613년 2월 '새로 엮은 온역 대책'이란 뜻의 『신찬벽온방』으로 간행되어 전국에 보급되었으며, 후대에까지 모범이 되어 쓰였어.

온역이 물러간 지 채 얼마 되지 않은 1613년 가을 무렵, 더 무서운 전염병이 나라를 휩쓸었어. 이 병은 이전에 듣지도 보지도 못했던 '신형 돌림병'이었어. 새로 생긴 병이라서 백성들은 이 병에 더욱 공포를 느꼈어. 얼마 전 '사스(SARS)'와 같은 새로운 병이 생겼을 때 세계 사람들이 긴장했던 것처럼 말이야. 신형 돌림병이 돌자 지식이 없고 대처법을 전혀 모르는 어떤 사람들은 기도만 해댔고 어떤 사람들은 그냥 앉아서 속수무책으로 당했지. 사람들은 병 걸린 사람의 몸에 붉은 반점이 생기고, 병이 오랑캐같이 사납다고 해서 '당홍역'이라 불렀어.

"이것은 알 수 없는 질병이다. 따라서 옛 책에서 참고할 내용이 전혀 없다. 내 스스로 이 문제를 풀어야 한다."

치료법을 찾으라는 임금의 명령을 받은 허준은 병을 진단하기 시작했어.

"치료를 하려면 우선 증상을 세밀하게 관찰하여 정확하게 파악하는 것이 급선무겠지."

허준은 당홍역 환자를 수도 없이 관찰했어.

"음. 처음 병을 앓게 될 때에는 하나같이 머리가 아프고 몸이 쑤시며 오한이 나 벌벌 떨다가 열이 높아지는구나. 또한 머리와 얼굴, 온몸이 붉게 부어올라 가렵거나 아프고 온몸에 온통 조 알곡만 한 것들이 돋는구나. 아, 이놈들은 매우 야릇한데. 갑자기 나왔다가 갑자기 없어지기도 하고, 그러다가 또 갑자기 나타나기도 하네. 어떤 놈들은 알 안에 흰 고름이 잡히면서 문드러져 부스럼이 되기도 하는구나. 이 병은 앓고 난 다음엔 이런 부스럼이 모두 다 말라 시들어 벗겨지네. 마치 허물을 벗는 것같이 몸의 껍질이 완전히 바뀐다. 환자들은 또 정신이 어지럽고 조급하며 답답해하고 또 헛소리를 지껄이는 특징을 보여. 심해지면 미쳐 날뛰거나 목구멍이 부어올라 꽉 막힌다. 더 심하면 죽게 되고……."

이런 증상은 처음 본다. 천연두는 아니야. 천연두는 몸에 솟은 돌기가 콩알처럼 크고 탱탱하고 문드러지면 딱지가 되지. 수두도 아니야. 수두는 온 몸에 붉은 반점이 생기지만 알알이 솟는 형태가 아니라 이로 깨문 듯한 모습을 띠지."

 허준은 이 병이 잘 알려진 천연두나 수두의 증상이 아님을 확신했어. 처음 보는 병을 대하는 허준의 태도를 보렴. '과학적'이라는 말이 가장 잘 어울려. 허준은 정확한 관찰을 시도했고, 그 관찰에 따라서 원인을 따졌고, 직접 관찰한 여러 증상에 대해 처방을 제시했어.

 "그런데, 왜 이런 병이 생기는 것일까? 이것은 사람들이 믿는 귀신 때문에 생기는 게 아니야. 자연의 뜨거운 기운 때문에 생기는 것 같다. 이 뜨거운 기운이 몸에 들어가 병이 생기는 거다. 사람들에게 이 점을 널리 알려 기도 대신에 치료에 임하라고 가르쳐야 한다."

이처럼 당홍역이 열독 때문에 생긴 것으로 파악하여 허준은 여러 처방을 제시했어. 온역의 경우와 비슷하게 이 열독이 몸 겉에 있을 때에는 땀을 내어 빼내도록 했고, 몸 깊이 침투한 경우에는 설사를 시켜 배설토록 했지. 가슴이 답답할 때에는 풀어 주는 약을 쓰고, 목구멍이 부어올랐을 때에는 침으로 궂은(굳은) 피를 빼내도록 했어. 허준의 진단과 치료법은 1613년에 '당홍역을 물리치는 새로운 처방집'이라는 뜻의 『벽역신방』이란 책으로 출간되어 나왔어.

이때 허준의 나이는 75세. 할아버지가 된 의사 허준은 그가 일생 동안 해 온 의학 지식과 의술을 이 새로운 질병인 당홍역을 파악하

여 적절한 대책을 마련하는 데 온통 쏟아 부었지. 허준이 당홍역을 천연두나 수두와 구별하여 별도의 질병으로 본 점이나, 그 병의 증상을 매우 정확하게 관찰한 점에 대해서는 세계 어디에 내놓아도 자랑스러운 일이야. 왜냐하면 동양에서는 허준이 이런 일을 최초로 한 사람이기 때문이지. 또 유럽과 견주어도 결코 뒤떨어지지 않아. 허준이 관찰한 병의 증상은 오늘날 '성홍열'로 알려진 병의 증상과 거의

완전하게 일치해. 서양에서는 1550년 이탈리아의 인그라시아스라는 사람이 최초로 성홍열을 다른 병으로부터 감별해 냈어. 하지만 관찰이 자세하지 않았으며, 1627년 독일의 젠네르에 이르러서야 상세한 감별이 이루어졌지. 허준은 독일의 젠네르보다 14년 앞서 성홍열을 정확하게 감별해 낸 거야.

허준은 현대 의학에서 말하는 성홍열의 거의 모든 증상을 가장 정확하게 파악한 최초의 인물인 셈이야. 이처럼 허준은 만년까지 병을 치료하고 의학을 연구하는 데에 불을 지폈고, 그 불은 마지막에 가장 빛나는 광채를 띠었어.

허준은 1615년 가을, 세상을 떠났어. 그의 나이 77세였어. 광해군은 허준의 업적을 기려 그에게 '정1품 보국숭록대부' 벼슬을 내렸어. 선조 임금이 내렸다가 신하들의 반대에 부딪혀 거두어들였던 그 벼슬이야. 생전에 받지 못한 벼슬을 죽어서 받은 것이지. 벼슬로도 허준은 중인 출신의 의원으로 조선 역사를 통틀어 최고의 지위에 오르게 되었어. 허준은 떠났어도 『동의보감』은 남았지.

# 허준과 『동의보감』은 살아 있다

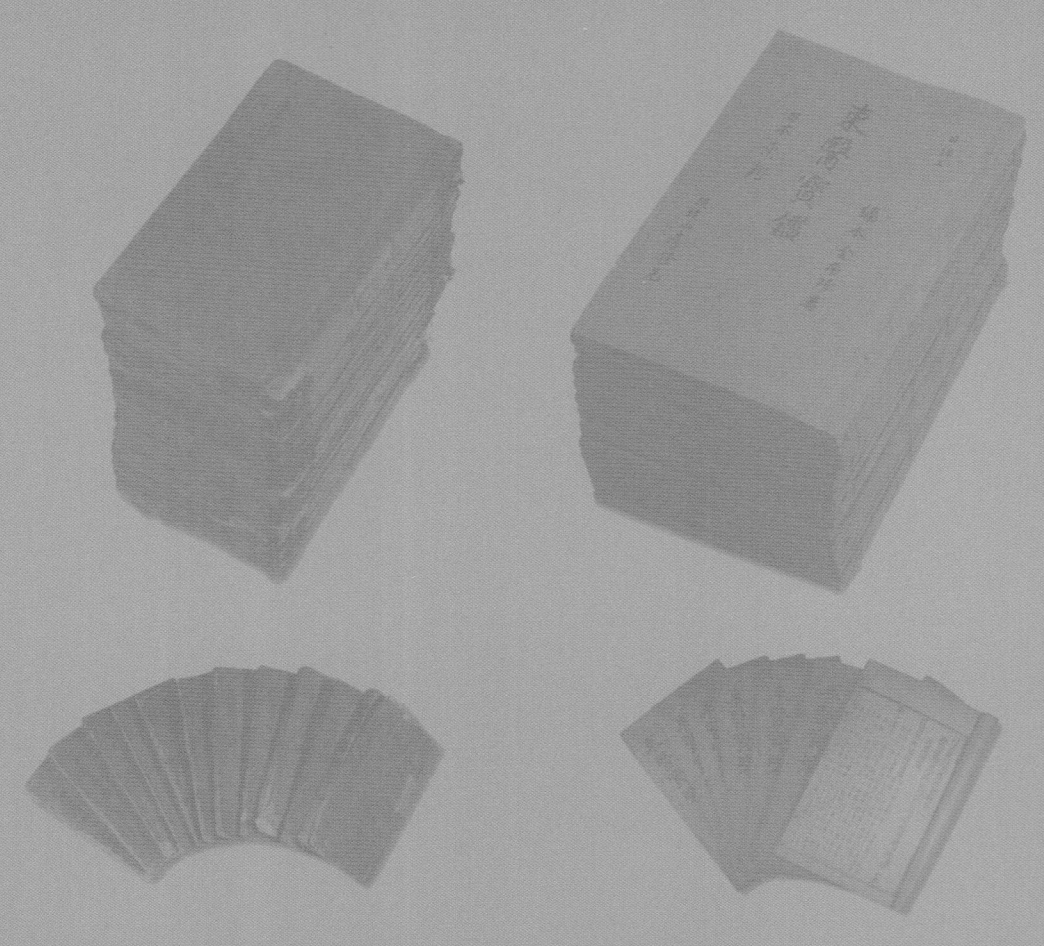

『동의보감』이 나오기 전까지는 중국이 동아시아에서 의학의 원조이자 가장 높은 수준을 자랑했어. 허준의 『동의보감』으로 조선의 의학은 중국 의학과 견줄 수 있는 수준이 되었지. 그렇다면 중국과 일본 같은 이웃나라들도 허준이 지은 『동의보감』을 알고 있었을까? 이번 장에서 알아보자.

『동의보감』은 한의학에서 가장 중요한 의학 책이며, 오늘날까지도 의학을 공부하고 의술을 터득하는 데에 큰 도움을 주고 있어. 『동의보감』에서 건강의 비결도 한번 배워 보자.

## '천하의 보배는 마땅히 천하 사람들이 같이 나눌 일'

박지원

1780년 여름 어느 날, 『동의보감』이 우리나라에서 출간된 지 170년쯤 지났을 때야. 중국에 파견된 조선의 사신 일행은 유리창 거리에 관광을 나섰어. 유리창 거리는 수백 개의 골동품 상점과 서점이 가득 찬 곳이야. 중국의 수도 북경에서 가장 유명한 거리였지.

오늘날 중국의 유리창 거리 모습

그날은 중국 사람들뿐만 아니라 세계 각국에서 온 사신 일행들로 북적거렸어. 지금도 그렇지만 옛적에도 서점과 골동품으로 너무나도 유명했던 유리창 거리는 학문을 좋아하는 외국인들이 꼭 찾는 여행지였어. 조선 사신 중에는 연암 박지원이 있었어. 박지원 알지?『호질』,『양반전』등의 책으로 우리 귀에 익숙한 인물이야. 박지원은 이때 중국을 다녀간 뒤에『열하일기』라는 이름난 책을 쓴 장본인이지.

책 욕심이 많은 연암이 이 책 저 책을 만지작거리는데 의학 책 코너에 놓인 책이 눈길을 끌었어. 그 책의 표지에는 '東醫寶鑑'이라고 쓰여 있었지.

"아, 내가 이역만리 떨어진 북경에서 '동의보감'을 발견하다니. 그것도 대국이라고 자처하는 중국의 책방에서 조선의 책을 만났구나!"

반가움에 눈물이 핑 돌았어. 마음 한 편에서는 은근한 자긍심까지 솟아났고.

중국의 서점에 놓인『동의보감』은 매우 정교하고 아름답게 만들어져 있었어. 연암의 집에는 이 책이 없어 집에 우환이 있을 때는 이웃 사방으로 빌려다 보았었지. 그래서 이 책을 보자 꼭 사고 싶었어. 하지만 어찌하랴! 중국 책방에서 본『동의보감』은 책값이 말굽은 닷 냥이나 했거든. '말굽은'은 중국에서 쓰던 말발굽처럼 생긴 화폐로 닷 냥이면 무척 큰돈이었어. 연암은 넉넉한 형편이 아니었고, 결국 책 사는 것을 포기하고 말았지.

책을 사지는 못했지만 연암은 책을 꼼꼼히 살펴보았어. 중국의 서점에서 팔고 있던 『동의보감』은 조선에서 수입한 것이 아니라 중국에서 찍은 책이었어. 중국 학자 어능이란 사람이 『동의보감』을 찍게 된 까닭을 책 맨 앞장에 상세하게 적어 놓고 있었어.

이 책은 조선의 허준이 쓴 것이다. 외딴 먼 곳의 외국 사람이지만, 학문의 이치란 땅이 멀다고 해서 전해지지 않는 것은 아니다. 『동의보감』은 이미 중국의 황제께 바쳐져 최고 수준이라는 것을 인정받았다. 하지만 안타깝게도 그것은 여태까지 황실 도서관에만 간직된 채로 있어 세상 사람이 엿보기 어려웠다. 천하의 보배는 마땅히 천하가 함께 가져야 할 것이다. 그래서 거금을 벌어 이 책을 찍는다.

1613년 우리나라에서 첫 선을 보인 이후 『동의보감』은 중국 사신이 꼭 챙겨 가야 할 조선의 명품으로 자리를 잡았어. 차츰 명성이 중국에 알려지다가 급기야 중국에서 직접 만들어져 나왔는데, 연암이 본 것이 그것이었던 거야. 『동의보감』은 1747년 중국에서 처음 발간된 이후, 오늘날까지 30차례 이상 찍혀 나왔어. 오늘날에도 우리나라 책으로 외국에서 이렇게 많이 찍힌 책은 없어.

발 빠른 일본 사람들은 중국인보다 앞서 일본판 『동의보감』(1723

년)을 찍어 냈어. 중국에서는 민간에서 책을 찍어 냈지만, 일본에서는 정부 차원에서 펴냈다는 게 다른 점이야. 『동의보감』으로 의학의 규범을 삼겠다는 것은 중국에서 찍은 이유와 동일했지.

『동의보감』 중국어판 1831년 청나라 때에 중국에서 찍혀 나온 『동의보감』이야.

『동의보감』 일본어판 1890년에 중국의 『동의보감』을 일본이 번역해서 일본에서 펴낸 거야.

"천하의 보배는 마땅히 천하가 함께 가져야 할 것이다."

어능의 이 말은 지극히 옳은 말이야. 우리가 뉴턴의 과학을 배우고, 셰익스피어의 작품을 읽고, 베토벤의 음악을 듣는 것과 모두 같은 것이지. 조선 사람이 공자의 논어를 배우고, 중국인이 쓴 위대한 시를 읽는 것 또한 마찬가지야. 거꾸로 우리나라 사람이 빛나는 작품을 쓴다면, 천하의 모든 사람들은 기꺼이 그것을 즐기겠지. 한국이 아무리 먼 곳에 위치해 있다 한들, 그곳의 뛰어난 성취는 먼 거리의 장벽을 뛰어넘고 시간도 뛰어넘어 마침내 다른 나라와 다른 시대에도 이르게 돼. 조선 사람 허준이 쓴『동의보감』이 잘 보여주고 있어.

## 허준의 후예들

"조선의 의학 책 가운데 읽을 만한 것으로는『동의보감』이 유일하다."

의학에 밝았던 정조 임금은 이렇게 높게 평가했어. 정조는 스스로『동의보감』의 내용을 뽑아『수민묘전』이라는 책을 쓰기도 했지.

조선 후기의 학자 이덕무도『동의보감』에 대해 이렇게 말했지.

"조선의 책 가운데 단 3개만 고른다면, 이율곡의『성학집요』, 유형원의『반계수록』과 함께 허준의『동의보감』을 꼽겠다."

　책벌레라고 알려진 이덕무가 조선에서 나온 수천, 수만의 책 가운데 단지 이 셋만을 골랐어. 왜 그랬을까?

　"『성학집요』는 사람이 어떻게 살아야 할지를 가르쳐 준 역작이다. 『반계수록』은 조선 사회가 잘 살기 위한 방법을 제시한 문제작이다. 특히 『동의보감』은 사람을 살리기 위해 꼭 필요한 책이다. 그런데도 사람들은 의학을 업신여기며 시문 짓기만을 일삼고 있다. 한심한 일이도다."

　이덕무는 의학이 매우 중요하며, 『동의보감』은 사람을 살리는 책이라고 했어.

또 한국의 고유 의학인 '사상의학'을 창시한 이제마는 한 걸음 더 나갔어. 중국과 조선을 통틀어 세 사람의 의학자를 꼽으면서 허준을 그 안에 포함시켰지.

"중국 장중경은 『상한론』을 지어 병의 증상과 처방의 이론을 처음으로 만들었다. 또 주굉은 『활인서』라는 책에서 그것을 더욱 발전시켰다. 우리나라의 허준은 『동의보감』에서 이 의학 전통을 더욱 체계화했다."

장중경은 중국 한나라 때 사람으로 전염병인 상한병의 원인과 병증을 연구하여 효과적인 처방을 제시했고, 주굉은 송나라 때 사람으로 장중경이 밝힌 이론을 발전시켜 더욱 체계화한 인물이야.

의사 허준과 의서 『동의보감』은 후대로 갈수록 더 높은 평판을 얻었어. 또한 조선 사람들은 그런 의사와 책이 있음을 매우 자랑스럽게 여겼지. 『동의보감』이 나온 이후 많은 사람들이 이 책을 써서 건강을 지키고 병을 치료했어. 수많은 의원들은 이 책을 펼쳐 처방을 찾았지. 선비들은 직접 『동의보감』을 보고 병에 쓸 처방을 골라냈어.

"『동의보감』은 훌륭한 책임에 틀림이 없어. 하지만 25권은 너무 두꺼워. 또 그래서 값이 비싸. 그 가운데에서 더욱 쓸 만한 것만 골라내면 더욱 좋지 않을까? 그러면 더욱 쉽게 찾아 쓸 수 있고, 값도 싸져서 더 많은 사람이 이용할 수 있을 텐데. 게다가 이 책이 나온 이후 몇 백 년이 흐르면서 일부 쓸모없는 것도 섞여 있는 것으로 밝혀졌

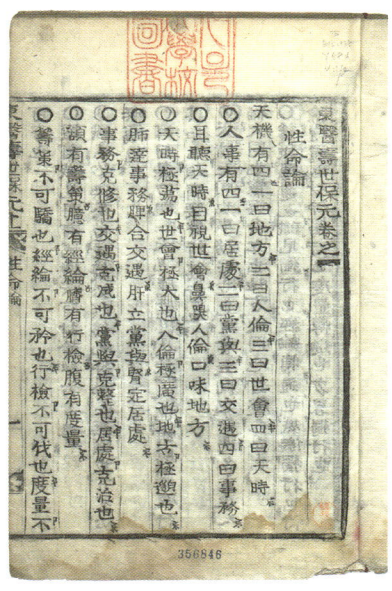

**이제마의 『동의수세보원』** 이 책 이름은 '동의로 오래 살도록 하고 몸의 원기를 찾는 방법'을 담았다는 뜻이야. 허준과 같이 우리나라의 의학을 '동의'라고 했구나. 『동의보감』의 정신을 계승한 거야.

어. 또 그동안 새로 개발된 좋은 처방들을 여기에 추가하면 어떨까."

적지 않은 후대의 사람들이 이런 문제를 고민하면서 나름대로 요약하거나 수정해서 책을 내놓기 시작했어.

그 가운데서 강명길의 『제중신편』, 황도연의 『의종손익』 등이 가장 대표적인 책이야. 황도연과 그의 아들 황필수는 더욱 과감하게 요약하고 정리를 했지. 그들이 펴낸 『방약합편』은 내용을 훨씬 간추렸을 뿐만 아니라 병증에 약을 쓰는 데 훨씬 편리하도록 되어 있어.

이제마의 『동의수세보원』은 내용 그 자체의 요약, 정리, 추가라는 형태가 아니라 『동의보감』의 정신을 계승했어. 몸의 양생을 중히 여기는 전통을 계승하여 몸의 체질에 따라 단점이 많기 때문에 수양을

### 조선 시대 의학 책의 역사

이 책에 나온 의학 책들이 언제 나왔는지 시간 순서대로 한번 볼까?

1417년 『향약구급방』(고려 시대의 책을 다시 펴냄)

1433년 『향약집성방』

1445년 『의방유취』

1610년 『동의보감』 완성, 1613년 펴냄.

1799년 『제중신편』

1868년 『의종손익』

1884년 『방약합편』

1894년 『동의수세보원』 완성, 1901년 펴냄.

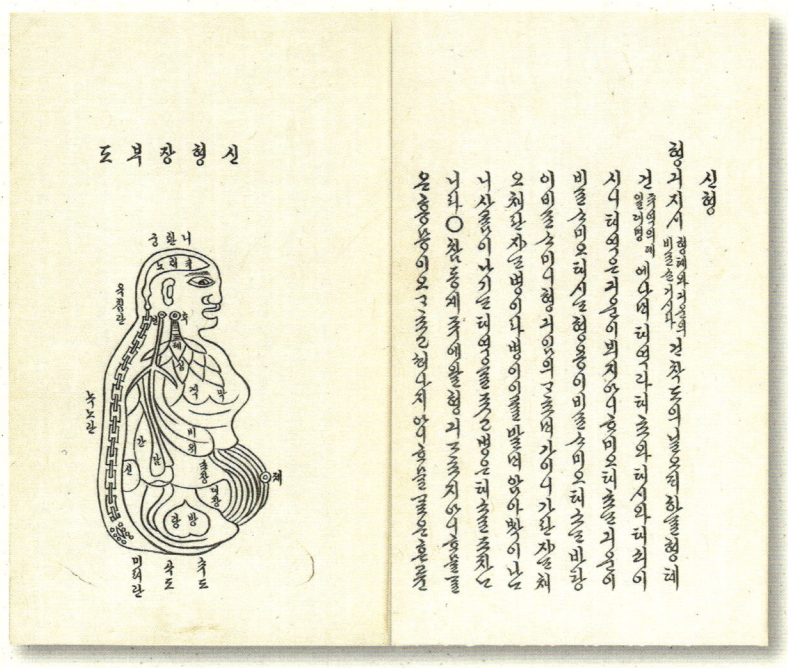

**한글판 『동의보감』** 19세기에 나온 한글로 되어 있는 『동의보감』이야. 조선 시대뿐만 아니라 『동의보감』은 오늘날에도 중국과 한국에서 계속 찍혀 나오고 있지. 2009년 『동의보감』은 유네스코 세계 기록유산이 되었어.

통해 그것을 극복해야 한다고 주장했어.

이제마는 "몸에 양의 기운과 음의 기운이 넘치느냐 모자라느냐"를 기준으로 태양인, 소양인, 소음인, 태음인 등 네 가지 체질을 말했지. 또한 그는 체질에 따라 잘 걸리는 병이 다르게 나타나기 때문에 병을 제대로 치료하기 위해서도 체질의 파악이 우선되어야 한다고 말했어. 이러한 의학은 중국이나 조선에서 이전에는 전혀 보지 못한 독창적인 것이었지.

조선의 의학이 『동의보감』이라는 책으로 흘러들어왔고, 또 거기서 흘러나와 발전해 나간 것이라 해도 하나도 틀린 말이 아니야. 고려와 그 이전의 의학은 세종 때의 『향약집성방』과 『의방유취』에 계승되었고, 『동의보감』은 이 두 책의 전통을 잘 계승했다는 점에서 우리나라 의학의 전통을 녹여 낸 것이라 할 수 있어. 또 『동의보감』 이후에 편찬된 조선의 훌륭한 의서인 『제중신편』이나 『의종손익』, 『방약합편』, 『동의수세보원』 등의 책은 『동의보감』의 전통을 계승했으니까 『동의보감』이라는 강물이 흘러서 후대에 영향을 미친 것이라 할 수 있어. 그런 가운데 한국 의학의 전통이 확립되었으며, 그것은 오늘날까지 이어지고 있어.

## 『동의보감』에서 배우는 양생의 지혜

머리말을 지은 이정구가 『동의보감』의 수많은 장점 중에서 가장 마음에 들어 한 것이 무엇이었는지 기억나니? 늘 튼튼하게 하고 오래 살게 하는 방법을 담은 '양생' 부분을 가장 마음에 들어 했어. 양생은 병들지 않도록 조심하고 몸을 수양하는 거야.

『동의보감』의 시작이라고 할 수 있는 '신형장부도' 옆에 허준이 써 놓은 글을 다시 보자.

> 인간의 몸은 대자연을 본받은 것이다.
> 그렇기 때문에 자연의 섭리를 따라 올바르게 살면
> 기운이 북돋아 오래 살고 병들지 않는다.

병들기 전에 병이 안 생기도록 하는 게 가장 좋아. 그럼 '기운'을 북돋아야 하겠지. 『동의보감』에서는 너희들도 실천하면 좋을 기운을 북돋는 건강 관리법을 말하고 있단다.

편식하면 안 되고, 쓸데없는 욕심을 많이 부려서도 안 되고, 성질을 크게 내서도 안 된다고 해. 대신에 자연의 큰 기운을 받아들이고, 온 몸 구석구석을 다 부지런히 운동해 주면 좋다고 한단다. 이 중에서 계절에 맞춰 건강 관리를 잘 하는 게 무엇보다도 중요해. 자연의 기운이 몸의 기운을 북돋게 해 주거든. 자연, 즉 우주와 사람의 몸은 하나라고 보았기 때문이라는 걸 이제 잘 알고 있지?

그럼, 계절에 따라 어떻게 건강 관리를 해야 할까? 허준 할아버지가 조근조근 이렇게 말씀하시는구나.

봄에는 늦게 자고 일찍 일어나며,
여름과 가을에는 밤이 깊어서 자고 일찍 일어나며,
겨울에는 일찍 자고 늦게 일어나도록 하라.
일찍 일어난다 하여도 닭이 울기 전에는 일어나지 말 것이며,
늦게 일어난다 해도 해가 뜬 후까지 있지 말라.

겨울에는 머리를 차게 하고
봄과 가을에는 머리와 발을 모두 차게 하라.
이것이 옛 성현이 일상적으로 행했던 방법이었느니라.

배고플 때에는 목욕하지 말고, 배부를 때에는 머리를 감지 말라.
잠 잘 때 봄과 여름에는 동쪽을 향해서,
가을과 겨울에는 서쪽을 향해서 누우며
머리를 북쪽으로 향하여 눕지 말라.
좋은 기운을 받고 나쁜 기운을 피하기 위해서란다.

큰 바람과 큰 비, 짙은 안개와 심한 더위,
심한 추위와 폭설을 다 조심하라.
갑자기 폭풍우나 우레와 번개 또는 몹시 어두운 때를 닥치게 되면
방에 들어가 문을 닫고 단정히 앉아
몸과 마음을 안정하게 해야 하니라.

네 계절 중 여름 한철은
사람의 정신이 피곤해지는 때이기 때문에 더욱 조심해야 한다.
싸늘하게 식은 음식을 입에 대지 말라.
얼음물과 찬 과실을 삼가라.
자칫하면 설사나 이질의 빌미가 되기 때문이니라.
오히려 더운 음식을 먹어 뱃속을 따뜻하게 하면 좋다.
이것만 잘 실천한다면 여름철에 온갖 병에 걸리지 않으며
몸이 튼튼해질 것이다.

—『동의보감』 중에서

 공부나 운동도 기초와 습관이 중요하다고 하지? 건강도 마찬가지야. 『동의보감』은 병이 났을 때의 증상과 치료법뿐만 아니라 평소에 건강을 지키는 양생을 더 중요하게 알려주고 있어.

『동의보감』은 지금도 한의학 공부에 필수야. 의사에게도 환자에게도 가장 권위 있는 책이지. 나중에 『동의보감』을 꼭 읽어 봐. 중요한 것은 의학이 우리 삶에 도움이 되어야 하는 거니까. 의학기술만 발전하면 뭐하겠어. 환자들이 골고루 혜택을 받을 수 있어야 하지. 그래야 『동의보감』에 담긴 '대의' 허준의 뜻이 생생이 살아 이어질 수 있겠지?

**이 책의 중요한 사건이 일어난 때와 의학 책이 나온 순간들**

**1232~1251년경** 『향약구급방』 고려 시대에 몽골이 침입했을 때에 펴냄.

**1392년** (조선 건국)

**1417년** 『향약구급방』 조선 태종 때 간행된 책이 지금까지 전해옴.

**1604년** 허준이 '종1품 숭록대부' 벼슬에 오름.

**1609년** 허준이 귀양을 끝내고 서울로 돌아옴.

**1610년** 『동의보감』 원고 마침. 광해군에게 원고를 올림.

**1608년** 허준 『언해태산집요』, 『언해구급방』, 『언해두창집요』 펴냄. 선조가 세상을 떠나고 광해군이 즉위함. 허준은 의주로 귀양을 감.

**1613년** 『동의보감』 출간됨. 허준 『신찬벽온방』, 『벽역신방』 펴냄.

**1615년** 허준 세상을 떠남.

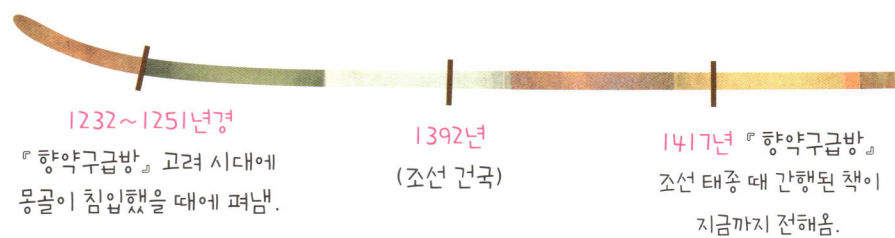

**1747년** 중국에서 처음 『동의보감』이 발간됨

**1799년** 강명길 『제중신편』 펴냄.

**1868년** 황도연 『의종손익』 펴냄.

**1894년** 이제마 『동의수세보원』 원고 마침.

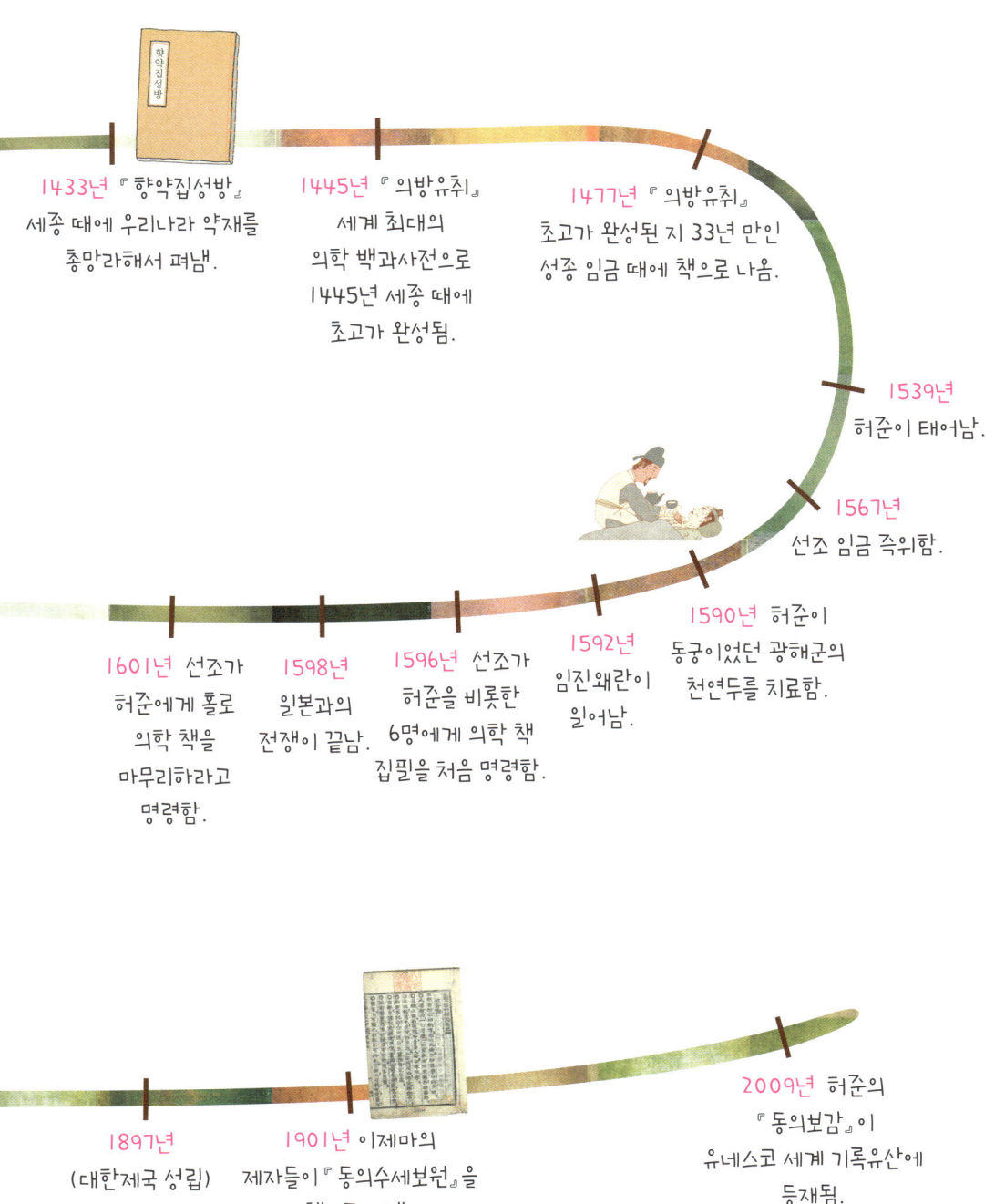

1433년 『향약집성방』 세종 때에 우리나라 약재를 총망라해서 펴냄.

1445년 『의방유취』 세계 최대의 의학 백과사전으로 1445년 세종 때에 초고가 완성됨.

1477년 『의방유취』 초고가 완성된 지 33년 만인 성종 임금 때에 책으로 나옴.

1539년 허준이 태어남.

1567년 선조 임금 즉위함.

1590년 허준이 동궁이었던 광해군의 천연두를 치료함.

1592년 임진왜란이 일어남.

1596년 선조가 허준을 비롯한 6명에게 의학 책 집필을 처음 명령함.

1598년 일본과의 전쟁이 끝남.

1601년 선조가 허준에게 홀로 의학 책을 마무리하라고 명령함.

1897년 (대한제국 성립)

1901년 이제마의 제자들이 『동의수세보원』을 책으로 펴냄.

2009년 허준의 『동의보감』이 유네스코 세계 기록유산에 등재됨.

연표 123

■ 사진 출처 및 자료 제공

40쪽  창덕궁에 있는 약방(내의원) /고려대학교박물관 <동궐도>
46쪽  의관과 의녀 /규장각 <영조정순왕후가례도감의궤>
48쪽  약 기구들(약장, 침통, 약저울, 약절구, 약연, 약탕기, 약틀, 약숟가락) /허준박물관
48쪽  약 기구들(침) /한독의약박물관
88쪽  『동의보감』 목차 /규장각
94쪽  『동의보감』 초판본 /한독의약박물관
97쪽  굿을 하는 무당 /규장각
97쪽  허준이 쓴 『신찬벽온방』 /규장각
106쪽  오늘날 중국의 유리창 거리 모습 /노정임
113쪽  이제마의 『동의수세보원』 /규장각
114쪽  한글판 『동의보감』 /장서각

＊도서출판 이론과실천은 이 책에 실은 모든 사진의 저작권자를 찾아 허락을 받기 위해 최선을 다했습니다. 허가를 받지 못한 일부 도판은 저작권자가 확인되는 대로 허가를 받고 통상의 사용료를 지불하겠습니다. 사진 게재를 도와주신 모든 분들께 감사드립니다.